コミュニケーションの英語学

話し手と聞き手の談話の世界

開拓社
言語・文化選書
13

コミュニケーションの英語学

話し手と聞き手の談話の世界

安武知子 著

開拓社

まえがき

　ことばが変わると考え方も変わるとよく言われる。文法の違いはもちろんであるが，ストレートに翻訳できない語彙のずれもあり，細かな表現装置も違う。さらには，話し手の認識やコミュニケーションへの関わり方も異なり，それらの表現方法にも違いがある。さまざまな言語の実態を目にして，なぜそのような違いが生じるのかを追究していくと，ことばの「はしばし」に固有の言語文化が見えてくる。ことばとそれを使う人間とは分かちがたく結びついているからである。

　話し手は，センテンスを発することによって，事実を述べたり，質問をしたり，命令をしたりするだけでなく，その背景にある自分自身に関する情報も多かれ少なかれ発信している。メカニズムは言語ごとにさまざまであるが，話し手の認識態度や聞き手に対する姿勢は，表面的なメッセージ内容の内外から「なにげなく」顔を出すしくみになっている。したがって，日常会話文に込められたメッセージをまるごと理解するためには，文脈，場面，関係者間の人間関係，文化的背景などの「談話要因」に関する情報が欠かせない。

　ことばによるコミュニケーションには，客観的な命題内容のほかに，話し手の主観的心情や意図・態度などがすべて含まれる。一般に，日常会話文が発するメッセージは，客観的なものと主観的なもの，という2種類の意味情報を含んでいる。このうち話し手による主観的な意味情報には，無意識的なものと意識的なも

のがある。無意識に伝わるものは，ことばに含まれた慣習的な意味から発信される。一方，意識的に伝える場合には，堂々と行うときと「それとなく」伝えるときがある。堂々と行われるときは，これは自分の意見であるとか，これは自分の思いであるとかが文中で言明される。それとなく伝えるときは，語彙の選択や機能語などの文法項目や間接的表現手段によって，主たるメッセージ内容に紛れ込んだ形で現れる。

このように，話し手の伝達姿勢に関わる意味情報は，客観的なメッセージ内容と絡み合った形で表されるが，その道具立ては言語によって異なる。すなわち，話し手の態度や主観的判断の表現の仕方，そのための媒体，さらにはベースとなる装置は言語ごとにさまざまなのである。したがって，いわば各々の言語の個性が，語彙や文構造と結びついたこれらの談話要因の諸相にみられ，そこに，それぞれの言語のネイティブスピーカーのコミュニケーション・スタイルが顕在化している。

本書は，談話要因に関わる英語の6種類の表現装置を取り上げ，その意味・機能面にスポットライトを当てている。取り上げたトピックは，第3章の「語彙的言い換え」を除き，辞書や文法書でお馴染みのものばかりである。しかしながら，人称代名詞，他動詞の自動詞用法，some / any, a(n) / the，文副詞のいずれも，日本語にはぴったり対応する文法装置が存在しない。格別の取り扱いを要するはずの要素ばかりであるにもかかわらず，あまり注目されず，英語教育の現場で，ぞんざいな扱いを受けたり，ないがしろにされてきた分野である。

本書で用いている議論，主張，例文の中には，先行研究からの引用が種々含まれているが，研究者の間ですでに通説となってい

るものが多いため，直接引用の場合のみ典拠を明示することにした。その一方で，一般向けではない用語を用い，談話機能論や語用論の解説のようにも見える部分もあるが，全体として，英語を正確に読むための，また特に積極的に英語を使って発信するための有用な情報の提供を意図している。

　各章の内容は，私がこれまであちこちで話したり書いたりしたものに基づいているが，大部分は本書のテーマに沿って新たな見地から書き下ろしたものである。

　本書をまとめる最終段階で，専門的な研究成果を含んだコンテンツが一般の知的読者に的確に伝わるよう，有能な校閲チームに協力をお願いした。英語には詳しいが言語学をあまり知らない人，中学・高校の英語教員や教員経験者，言語学専攻の大学院生，中学生と高校生のお子さんをお持ちの大学講師など，さまざまな見地から有益なアドヴァイスを得ることができた。近藤真紀子氏，岡田聖子氏，川岸貴子氏，永田由香氏に改めて謝意を表したい。また，開拓社の川田賢氏には企画段階で声をかけ背中を押していただいた。行き届いたご配慮に対し，この場を借りて感謝申し上げる。

2009 年 7 月
　　セージとローズマリーの薫る桶狭間にて

　　　　　　　　　　　　　　　　　　　　　　　安武　知子

目　　次

まえがき　*v*

第1章　人称代名詞と情報価値 …………………… *1*
1. はじめに　*2*
2. 文法上の機能　*2*
3. 情報価値のある代名詞　*5*
4. 情報価値のない代名詞類の形　*9*
5. 文語と口語の違い　*11*
6. 談話機能と「格」標示　*14*
7. おわりに　*22*

第2章　他動詞と自動詞の間 …………………… *25*
1. はじめに　*26*
2. 他動詞性のゆらぎ　*27*
3. 他動詞性が内在するタイプ　*30*
4. 他動詞が自動詞化するとき　*34*
5. 3タイプの「脱他動詞化」　*39*
   5.1.　read / telephone タイプ　*39*
   5.2.　drink / shave タイプ　*40*
   5.3.　一般化と特定化　*42*
   5.4.　語彙的な意味と社会慣習的な意味　*44*
   5.5.　steal / see タイプ　*44*
   5.6.　pass タイプか steal タイプか　*45*
6. 目的語のない文の談話機能　*46*
7. 「個体認定」と「脱範疇化」　*48*
8. 「脱他動詞化文」の談話機能　*51*
9. おわりに　*53*

ix

第3章　ことばの言い換え現象…………………………… 55
  1. はじめに　*56*
  2. 繰り返しの回避　*57*
  3. 第二，第三の機能　*58*
  4. 言い換えと「照応」　*62*
  5. 文法的言い換えと語彙的言い換え　*64*
  6. 語彙的言い換えの談話機能　*68*
  7. 一般名詞　*69*
  8. 同義語，類義語　*73*
  9. 上位語　*74*
  10. 形容辞　*75*
  11. 話し手の状態　*76*
  12. 言い換え語の一般性　*78*
  13. 言い換え語の条件　*79*
  14. 言い換え語の形態と機能　*81*
  15. 名詞句以外の言い換え語　*84*
  16. 「語彙的照応」　*85*
  17. おわりに　*86*

第4章　正体不問の some と any ……………………… 89
  1. はじめに　*90*
  2. やっかいな文法要素　*91*
    2.1. 言語のタイプとの関連　*91*
    2.2. 部分詞，複数冠詞，決定詞　*92*
    2.3. 問題点　*93*
  3. some と any の関係　*94*
    3.1. 影武者説　*94*
    3.2. 覆面決定詞説　*94*
    3.3. 素性不明　*95*
    3.4. 任意の x　*96*
    3.5. 「分配的解釈」と「唯一的解釈」　*97*
  4. 学習者の困惑　*97*
  5. 辞書の記述　*102*

6. 伝統的アプローチと範疇の問題　*103*
  7. 語義の扱いと some / any 交替規則　*107*
  8. 生成文法による説明　*110*
  9. some / any の素性　*112*
  10. 不特定性　*115*
  11. おわりに　*119*

第5章　決定詞のマルチな仕事ぶり　……………………　*121*
  1. はじめに　*122*
  2. 英語の決定詞　*123*
  3. a(n)　*124*
  4. the　*127*
  5. some　*132*
  6. any　*136*
    6.1. any の意味論　*136*
    6.2. 「自由選択」の any　*141*
    6.3. 「否定文脈」の any　*143*
    6.4. 分け隔てのない選択項目　*144*
    6.5. RC some と FC any　*147*
  7. フランス語の決定詞システム　*150*
  8. おわりに　*152*

第6章　「コメント」としての文副詞　……………………　*153*
  1. はじめに　*154*
  2. 命題と「コメント」　*155*
  3. 文副詞の種類　*157*
  4. 発話スタイルの文副詞　*159*
  5. 態度の文副詞　*163*
    5.1. モダリティ副詞　*164*
    5.2. 評価の副詞　*166*
    5.3. 形容辞副詞　*168*
  6. 断定の副詞　*172*
  7. 多機能タイプ　*174*

8. 強調の副詞　*175*
9. Jackendoff の分類の問題点　*176*
10. Huddleston and Pullum の分類　*178*
11. おわりに　*182*

参考文献 ………………………………………………… *183*
索　引 …………………………………………………… *193*

第 1 章

人称代名詞と情報価値

1. はじめに

英語の人称代名詞（personal pronoun）が人称，数，性，格（case）によって形態変化することは，中学校で学習する基本的な文法事項の一つである。しかし，実際には，この四つの要因に基づく整然とした体系がみられるのは文語（書きことば）のレベルであり，現代口語英語（話しことば）では様子が違っている。

本章では，談話語用論（discourse pragmatics）[1]の立場から，人称代名詞のうち，伝統的に主格（subjective / nominative case），および，目的格（対格）（objective / accusative case）と呼ばれてきたものにスポットライトを当てて，情報価値の有無，文語と口語の違い，格標示のもつ文法上・認識論（epistemology）上の機能の三つの観点から考察する。[2]

2. 文法上の機能

Bolinger (1980: 95-96) によると，英語の人称代名詞には，主に次の二つの機能がある。

(1) i. 特定の個体が男であるか女であるかを区別する機能
　　ii. 先行詞（antecedent）の代わりとなり，それを指し示す文脈指示機能（anaphoric function）

---

1. 発話がなされる状況（話し手・聞き手，文脈についての情報を含む）に照らして言語を分析する学問分野。
2. 所有格（属格）（possessive / genitive case）等はここでは扱わない。

第1章 人称代名詞と情報価値　3

本節では，(1ii)の機能に焦点を当てる。

英語では，文法上，独立している文の動詞（定動詞 (finite verb)）は必ず明示的主語をとり，また，ほとんどのものに補部 (complement)[3]がある。日本語とは異なり，文脈から分かっているものでも省略しないため，何度も同じものが出てくる。次の例をみてみよう（日本語訳は (3)）。

(2) a. When I saw *Mary*, *Mary* was getting *Mary's* self ready to go visit *Mary's* cousin, and I asked to go along with *Mary*.
　 b. When I saw *Mary*, *she* was getting *herself* ready to go visit *her* cousin, and I asked to go along with *her*.

英語では，同一項目（この場合は Mary）の繰り返しを避けるため，(2b)のように代名詞を多用するのが一般的である。そのため，(2a)のような文を用いると，複数の Mary が存在すると解釈されるのが普通である。(2b)の代名詞は聞き手に新しい情報を提供するわけではなく，文法上の必要を満たすために存在し，先行詞と同じものを指示する機能 (1ii) をもつに過ぎない。

これを日本語の場合と比較すると，(2b)における代名詞の使用は純粋に文法的理由によるものであることが分かる。日本語には，英語と同じような「文法上必要とされる人称代名詞」は存在しない。文脈から分かるものには，自由にゼロ代名詞（zero

---

3. 動詞の後に続く構成素（目的語も含む）で，それらを「補う」ことによって動詞の表す意味が完成する。

pronoun)[4]（文の表面に出てこない代名詞）を使用すればよいからである。たとえば，(3a) のような同一項目の繰り返しか，あるいは (3b) のようなゼロ代名詞の多用によって表現される。(Ø はゼロ代名詞を示す。)

(3) a. <u>メアリー</u>に会ったら，<u>メアリー</u>は<u>メアリー</u>のいとこに会いに行く準備をしているところだったので，<u>メアリー</u>と一緒に行ってもいいかたずねた。
   b. <u>メアリー</u>に会ったら，ØØ いとこに会いに行く準備をしているところだったので，Ø 一緒に行ってもいいかたずねた。

(3a) は (2a) の日本語訳だが，稚拙な発話という印象は伴うものの，(2a) の場合と異なり，同名の別人という解釈はない。

　Hinds (1986) が論じているように，日本語は状況中心 (situation focus) 言語であり，文脈や場面の状況からそれと分かるものは言わずに済ますのを原則とする。(3b) においてゼロ扱いされているものはすべて，文法的には存在するが，コミュニケーション上は独自の役割を果たしていない（新情報がない）ため，語用論的には不要である。

　英語の場合も，対応する (2b) の代名詞は，（形こそあれ）文法上の必要を満たすのみという役割にふさわしく，ストレス・アクセントを伴わず，弱形で，目立たない形で発音される。たとえば，h で始まる代名詞は，休止 (pause) の後の「語頭」では次の

---

　4. ゼロ名詞句照応辞 (zero NP anaphor) ともいう (NP は noun phrase の略字)。

ように h を落として発音される。次の文は，(2b) の一部を実際の発音に近い形で表記したものである。(こうした /h/ の欠落は辞書の発音記号でも確認できる。)

(4) *She* was getting *'erself* ready to go visit *'er* cousin, and I asked to go with *'er*.

このように考えると，英語の代名詞は，統語論上・意味解釈上はともかく，語用論的伝達の上では何の役目ももたないように見えてくる。ところが，実はそうではない。次節でみるように，コミュニケーション上，欠くべからざる情報を担っているケースもある。

3. 情報価値のある代名詞

次の (5)，(6) における代名詞の談話機能 (discourse function) を比較すると，両者には明らかな違いがある。(強勢を伴う代名詞は大文字で表記；イタリック体は (1ii) の文脈指示用法の代名詞であることを示す。)

(5) Q: Has Pat been CALLED yet?
    (パットはもう呼ばれましたか)
   A: Pat said they CALLED *her* TWICE.
   A′: Pat said *she* was CALLED TWICE.
    (パットは二度呼ばれたと言っていた)

(6) Q: Who did they CALL?
    (誰を呼んだのですか)
   A: Pat said they called *HER*.

A′: Pat said *SHE* was called.
(パットは自分が呼ばれたと言っていた)

(Gundel (1980))

ここで，まず指摘されるのは，発音された場合の強勢の違いである。(5) と (6) の談話機能上の違いに注目してみよう。(5) の *her*, *she* は，前節でみたように，単に文法的な役割のみを担い，独自の談話機能はもたない。(6) の文における *HER*, *SHE* は，評言（述べていること）の焦点 (comment focus) の位置にあり，話し手の発話の中心は，相手の注意をこの表現によって特定の指示対象に向けるところにある。

独自の談話機能をもつ代名詞は，話題焦点 (topic focus) の位置，すなわち，話題変更 (topic shift) または話題対照 (topic contrast) の位置にも用いられる。下の (7) のイタリック体は話題変更の，また (8), (9) のイタリック体は話題対照の代名詞の例である。

(7) I asked BRUCE about it; *HE* said he didn't CARE.
(私はブルースにそのことを訊ねたが，彼は気にしていないと言った)

(8) *THEM* I don't LIKE.
(それは，好きではない)

(9) *SHE* LEFT, but *HE* stayed.
(彼女は出かけたが，彼は残った)

(Gundel (1980))

Gundel (1980) は，上記の二つの用法を，独自の指示機能 (referring function) があるかどうかの違いと捉え，語用論的

に意味のある（有意の）代名詞を「指示的代名詞」(referring pronoun)，代名詞独自の指示機能をもたないほうを「非指示的代名詞」(nonreferring pronoun) と呼んだ。これらの名称は，Gundel 自身も認めているとおり最適のものではなく，また，ここで用いられている「指示」という概念は誤解を招きやすい。焦点位置に生じた代名詞には独自の指示機能があると言っても，代名詞である以上，常に，文脈中の先行詞と同じもの，あるいは発話場面に存在する（言語外の）人や事物を指示しているはずであり，「独自の指示」という言い方は適切とは言えない。

前節で論じたように，代名詞の担う統語論上の役割という観点からみれば，(5) と (6) のイタリック体の代名詞の機能は同一である。いずれも同じ名詞のくり返しを回避するため使われているに過ぎない。ただし，両者は，談話機能上の役割の有無という点では異なっている。すなわち，焦点の位置に生じた代名詞は発話の中心となるような重要な情報を担うが，それ以外の位置に置かれた代名詞の役割は主として統語的なものであり，コミュニケーション上，語用論的には意味がない。

一般に，代名詞は，既出のもの，同定可能なものを指す既知項目であり，焦点は，新情報の生じる位置である。この点で，(6) に類する代名詞の用法は，既知情報を担いながら，発話の焦点を成す情報を担うということになり，一見，矛盾しているように思われる。しかし，実際には，焦点の位置で新情報を担う項目の指示対象が，たまたまその談話場面において既出のものであったために，代名詞化しているというだけの話である。

「焦点の位置に現れるものはなるべく目立たせる」というのが語用論上の大原則である。その一方で，上記の (2) に関連して

述べたように，英語には「同一の語彙項目の連続する使用は極力避ける」という暗黙の約束事がある。両者が衝突した時，どちらが優先されるかというと，後者である。たとえば，次の (10A), (10A′) では，Pat は一人ではなく二人いると解釈されてしまう。

(10) Q: Who did they CALL?
　　 A: Pat said they called *PAT*.
　　 A′: Pat said *PAT* was called.

そこで，別人と解されないために代名詞の使用が不可避となり，結果として，省力化の手段であるはずの代名詞が，やむを得ず強勢を伴って用いられることになる。

　日本語の場合，代名詞（厳密に言うと，インド・ヨーロッパ諸語の代名詞に類するもの）は焦点の位置にくるのが自然である。その他の位置では，(3) の例に関連してみたように，ゼロ代名詞が生ずる。(11), (12) は，(5), (6) の日本語版であるが，一般に，三人称単数女性代名詞と考えられている「彼女」が一度も登場しないというのは象徴的である。

(11) Q: <u>パット</u>はもう呼ばれましたか？
　　 A: <u>パット</u>は Ø 二度呼ばれたと言っていた。
(12) Q: 誰を呼んだのですか？
　　 A: <u>パット</u>は<u>自分</u>が呼ばれたと言っていた。

(11) のゼロ代名詞は，非焦点位置に生じ，情報価値をもっていない。一方，再帰代名詞と似た用法を持つ文脈指示表現である (12) の「自分」は，（「他の人ではなく自分が」という）比較対照の意味を担い，情報価値を有している。

4. 情報価値のない代名詞類の形

前節では，焦点位置に生じる代名詞類の機能と形態について考察した。本節では，情報価値のない位置に生じる代名詞の形態上の特徴について考えていく。

ここで次の二点が予測される。一つは，英語では明示的な形をとり，日本語ではゼロになるという違いがあることから，どのような形をとるかは言語ごとに異なっているという点である。もう一つは，どの言語においても，第2節で紹介した，英語の代名詞の音形上の弱体化に類する（実質上ゼロになろうとする）ような，形態上の縮約が多かれ少なかれ存在するという点である。この二点を合体させると，次のような仮説が生まれる。

(13) どの言語においても，非焦点の位置に生じる代名詞は何らかの形で音韻上の縮約を受ける。

焦点以外の位置に生じる口語標準英語代名詞の典型的な特徴は，強勢が欠如することと音韻上縮約されることである。（ただし，例外的に，三人称単数中性の場合だけ it/that の区別がある。）英語が明示形に固執する言語の代表であるとすると，ゼロ形をかなり自由に許す日本語はその対極に位置すると言えよう。両者の中間に位置するのが，いわゆる接辞代名詞（clitic pronoun）（動詞に付着した形で用いられる代名詞）を有する言語群である。たとえば，次の (14), (15) はポーランド語の，(16), (17) はアイルランド語の例である (Gundel (1980: 140) 参照)。(14), (16) のイタリック体の項目は情報価値のない位置での接辞代名詞の用例である。一方，(15), (17) のイタリック体の項

目は焦点位置にふつうの代名詞が生じている例である。(例文の下の英語表記は、各々の語の意味や文法上の機能の説明である。「*」(アステリスクあるいはスター) は、非文法的な文 (非文) を示す。)

(14) a.　Jan je tutaj.　Ja *go* widziałam.
　　　　Jan is here　　I him saw
　　　　(ジャンはここにいるよ。見たんだから)

　　 b.　Jan je tutaj.　*Ja ø widziałam.
　　　　Jan is here　　I 　saw

(15)　Q:　Kogo widziałaś?
　　　　　who saw
　　　　　(誰を見たのか)

　　　A:　Ja *jego* widziałam.
　　　　　I him saw
　　　　　(彼を見た)

(16)　Bhi Sean auseo.　Chonaic me *e*.
　　　was Sean here　　saw　I him
　　　(Sean はここにいた。見たんだ)

(17)　Q:　Bhfuil siad auseo?
　　　　　are　they here
　　　　　(彼らはここにいるのか)

　　　A:　Chonaic me *eisean* ach ni fhacc me *ise*.
　　　　　saw　I him　but not saw I her
　　　　　(彼は見かけたが、彼女は見なかった)

以上の事実から、(13) の仮説がある程度裏付けられる。

しかしながら、世界の言語の実態はもっと複雑である。まず、

音韻上の形態の縮約があるとはいっても，文語においては情報価値の有無にかかわらず，代名詞自体の形態上の変化は認められない。これは，文語と口語の違いという大きな射程の中で考えるべき問題であろう。また，接辞代名詞やゼロ代名詞を有する言語の中には，文中の位置によって制限のあるものが多い。たとえば，フィジー語にはゼロ代名詞があるが，それが用いられるのは，目的語の位置に限られ，主語の位置では音形をもった代名詞が要求される。他方，ポーランド語の場合は，上でみたように，主語の位置ではゼロ（明示的主語がないこと）を許すが，目的語の位置では接辞代名詞を要求する (Gundel (1980: 140) 参照)。この事実は文法上の格の問題と大きく関わっており，英語の代名詞の接辞化現象の解明にも通じるものと考えられる。この点については，第6節で考察する。

5. 文語と口語の違い

前節でみたように，口語では文法上の制約の上に語用論上の原則が働き，代名詞の形態上の縮約が起こる。ところが，文語にはそれが見られない。なぜなら両者の表現は根本的に違っているからである。

Chafe (1986) は，Bloomfield, Saussure, Sapir 等の研究を受け継ぎ，話しことばと書きことばの違いに関する興味深い数々の事実を指摘している。第一に注目されるのは，話しことばと書きことばは異なる環境で生み出されるため，形態が異なるのは当然だという指摘である。「異なる環境」の一つはコミュニケーションの手段の違いである。話しことばは耳と口を用い，書きことば

は目と手を使う。話す場合，典型的には面と向かってのやり取りがある。書きことばの場合は，書き手と読み手が社会的（空間的・時間的）に分離されているのが普通である。

　音を媒介として，面と向かってのやり取りに用いられる話しことばには，書きことばにはない速さが要求される。話しことばのスピードは基本的に思考のスピードに沿うもので，話すことと考えることはほぼ同時進行する。聞き手の解釈も同じような速度で行われなければならない。そうでなければ会話の参与者間にリアルタイムで情報が流れない。また，会話のペースは，やり取りの性質により左右される。発話は，聞き手によって，即時に，いわばオンライン状態で解釈・評価され，スピードが落ちたり長く話が途切れたりすると，話が遮られたり，聞き手の注意が他に移ってしまう恐れがある。したがって，話し手には自分の言うことが必要十分なものであるように努力しなければならないというプレッシャーがかかっている。結果として，談話の文脈上大事な部分はなるべく目立つ形で表現され，文法上は必要でも，コミュニケーションの目的からは余剰的とされるものについては，あってもなきがごとき扱いを受けることになるのである。

　書いたものの場合には，事情は全く異なる。記号や文字を書く場合，話すときよりスピードが遅くなる。加えて，書く場合，表現者は自分のペースで自由にフィードバックしながら，正確を期して，文章を作ることができる。読み手との間が分離されているので，話しことばの場合のような緊張関係はない。その場の状況に神経質に反応して，情報量に比例した生産調整をする必要もない。

　情報量に比例する要素の強調や縮小が，口語のみにみられ，文

語にはないという事実は、人間の記憶能力とも関連している。一度に人間の頭の中で意識に上り得る情報の量には明らかに限度がある。また、一つの情報が意識に上っている時間の長さには制限がある。これは伝統的に短期記憶 (short-term memory) と呼ばれているものである。話しことばは、文単位ではなく、イントネーション・ユニット (intonation unit)（一息で発音されることばのまとまり）の連続から成り立っている。Chafe (1986: 15) の研究によれば、英語の場合のイントネーション・ユニットは、典型的には5語を含み、2秒ほどかかって発音される。したがって、それぞれの単位が担う情報の核は一つだけで、その他の部分の情報価値は低い。

　全体で一つのイントネーション・ユニットを構成している文の例として、次の代名詞を3個含んだ文を考えてみよう。

(18) *I* gave *it* to *her*.
　　（私はそれを彼女に与えた）

この文は5語からなり、特別に何かを強調する等のない（いわゆる「無標」のイントネーションで）平均的なスピードで発話すると2秒ほどかかる。このタイプの文の焦点は動詞が担う情報であり、代名詞は文法上の必要により存在しているだけなので、すべて弱形で発音される。

　以上のように、情報価値の低い代名詞の音韻上の縮約は、人間の情報処理過程の特徴、能力の限界という面からの普遍的原則に合致する。

6. 談話機能と「格」標示

口語英語の代名詞は焦点以外の位置では弱形化する。この事実は、別の角度から言えば、代名詞は発話の焦点を成す情報を担っているときのみ「文字どおり」の形で発音される、ということになる。[5]

さらに、現代口語標準英語の場合には、焦点の位置に生じた代名詞が、ただ単に強勢を伴って文字どおりに発音されるだけでなく、格標示 (case marking)（名詞類が担っている文法上の役割を示すマーク）まで変える場合がある。次の例をみてみよう (F (Formal) は格式体の文語表現、C (Colloquial) は標準口語表現である) (Stahlke (1984: 360) 参照)。

(19) i. 陳述補語 (predicative complement) の場合
  （電話での受け答え）
  Q: Is this Ms. Smith?
  A: (F) This is *she*.
  A: (C) This is *her*.
    （私です）

 ii. 省略を含む比較構文の場合
  (F) He is as tall as *she*.
  (C) He is as tall as *her*.
    （彼の背丈は彼女と同じぐらいです）
  (F) He is taller than *she*.

---

5. 現代英語のつづり字と発音との間に見られる複雑な対応関係を考えると、「文字どおり」という表現には、当然のことながら付帯条件がつく。

(C) He is taller than *her*.

(彼は彼女より背が高い)

iii. 省略を含む主節の場合

Q: Who else wants to go?

(そのほか, 行きたいのは誰ですか)

A: (F) *I* do / *He* does / *She* does / *We* do / *They* do.

(C) *Me* / *Him* / *Her* / *Us* / *Them*.

(私／彼／彼女／我々／彼らです)

上記の口語表現に共通する特徴は, 統語論上主格が予想される位置に目的格代名詞が生じていること,[6] および, 当該代名詞が語用論上の焦点となる情報を担っていることである。この現象は格推移 (case-shifting) と呼ばれ, 伝統的に文法学者の注目を集めてきた。一般的な文法書の説明では,「動詞と直結しない代名詞は, 文法上は主格が予想されても目的格になるのが現代英語における一つの傾向である」という程度に留まっており, その原因, すなわち, それが談話機能に由来する現象である, という事実の指摘にまで至っていない。ここでも, 統語論上の原則と語用論上の原則が衝突し, 結果的に後者が勝利している。

それでは, 談話上重要な位置になぜ目的格が用いられるのであろうか。これについては大塚 (1970: 759) が紹介しているとお

---

6. 「彼以外にそんなことをする人はいない」という時, 通常は Nobody but/except *him* would do such a thing. であるが, Nobody but/except *he* would do such a thing. という言い方もある。ここには but/except を前置詞とみるか接続詞とみるかという見解の相違が関わっている。

り諸説あるが，決定的な答えはないようである。しかし，語用論の観点から言えば，英語の語順がSVO[7]であることと，無標の文の情報構造が「焦点／重点は後に (end-focus / end-weight)」という原則からなっていることを考え合わせると，目的格が焦点もしくは重要情報を担う形であるという類推が働くのは自然なことである。

(19)に類する口語英語表現は，口語だけでなく，(20)のように，著名な作家の文章にも出現する (Jespersen (1933: 133) 参照)。

(20) a. He was a good bit older than *me*. (Charles Lamb)
(彼は私よりかなり年上でした)

b. She was neither better bred nor wiser than *you* or *me*. (William Thackeray)
(彼女はあなたや私と比べて育ちも良くないし賢くもなかった)

c. He is wiser than *us* all. (Rudyard Kipling)
(彼は我々の誰よりも賢い)

d. You are not as good as *me*. (Henry Fielding)
(あなたは私ほど優れていない)

次に問題となるのは，格標示に関する統語論規則が語用論上の規則に対してなぜ劣勢なのかということである。ここには，現代英語における2種類の再構造化 (restructuring)[8] が関係してい

---

7. SはSubject（主語），VはVerb（動詞），OはObject（目的語）の略字。
8. ある構造を別の構造に変えること。

る。その一つは，もともと接続詞であった than, as などが，(20) にみられるように単独の目的格を従えるようになった結果，前置詞として扱われるようになった，という比較的簡単明瞭で局所的なものである。もう一つは，その原因となった目的格の主語位置への進出に関わる再構造化であり，比較的影響が大きい。これは，英語における大きな流れとしての格標示の衰退の一環として捉えることができる。

Keenan (1984) によれば，格標示がもつ普遍的な認識論上の機能は，他動詞文に現れる二つの名詞類（主語と目的語）を区別することである。この観点から考えると，語順が固定されている現代英語では，格は文中の「位置」によって区別できるため，格標示は余剰的なものということになる。事実，代名詞を除き，英語の名詞には主格対目的格という「形態」上の対立がない。過去の遺産としてわずかに残った代名詞の格標示が，その本来の機能から遊離した用法を発達させてもおかしくはない。

焦点の位置に生じる目的格の代名詞は，しばしば遊離代名詞 (absolute pronoun) あるいは独立代名詞 (independent pronoun) と呼ばれる（大塚 (1970: 759) 参照）。この名称自体，その機能が本来の格標示とは無関係であることを示している。Stahlke (1984) によると，現代の口語英語の代名詞体系は，アングロ・サクソン時代から受け継いだ文の構造に由来する格体系が，主に談話機能に由来する体系へと再構造化され，結果として，主格／目的格の二つの格は，古くからの統語論上の体系と交差する別個の新しい二次的対立を有するようになったのである。彼によると，現代口語英語の代名詞は次の四つのカテゴリーに分かれる（詳細と具体例は (26) に記載）。

(21) a. 独立(形) (independent)
　　b. 主語・焦点(形) (subject-focus)
　　c. 主語・トピック接辞 (subject-topic clitic)
　　d. 目的語・既知接辞 (object-given clitic)

(21a) の「独立(形)」とは目的格形で，焦点位置に生じ，強勢を伴うものである。上記の (19C) のほかに，次のような環境に生じやすい。

(22)　i.　一語による返答
　　　　Q: Who else wants to go?
　　　　A: *Me / Him / Her / Us / Them.*　　(= (19iiiC))
　　　　　cf. **I / He / She / We / They.*

　　ii.　焦点前置構文
　　　　a. *Me*, I wouldn't look twice at a Ford.
　　　　　（僕だったら，フォード車なんて見向きもしないよ）
　　　　b. *Us*, we're going to Florida for Easter.
　　　　　（僕たちはどうかというと，イースター休暇にフロリダへ行く）
　　　　c. *Them*, they wouldn't give you the time of day!
　　　　　（奴らはと言えば，君なんて眼中にないよ）

(21b) の「主語・焦点(形)」は，Gundel の話題焦点に当たるもので，強勢があり，上記の (7)-(9) に類する環境のほか，次のような場面にも登場する。

(23)　Q: Who broke the window?

(窓を割ったのは誰ですか)

A: *I / You / He / She / We / They* did.
(私／あなた／彼／彼女／我々／彼らです)

(21c), (21d) は強勢をもたず,談話機能上,影の薄いものであり,Stahlke によると,接辞代名詞の仲間である。「主語・トピック接辞」は,主語の位置に (cf. (24)),「目的語・既知接辞」は目的語の位置に (cf. (25)) それぞれ生じる。

(24) Q: What did *you* do this afternoon?
(今日の午後は何をしましたか)

A: *I* played tennis.
(テニスをしました)

(25) Q: What did they give *you / me / him / her / us / them*?
(彼らは君／私／彼／彼女／我々／彼らに何をプレゼントしましたか)

A: They gave *me / you / him / her / us / them* a book.
(彼らは私／あなた／彼／彼女／我々／彼らに本をプレゼントしてくれました)

このようにみてくると,第3節で紹介した Gundel の二分法の不備が明らかになる。Gundel は,情報価値のあるものとないものとの違いは,三人称単数中性の代名詞を除き,「強勢の有無と略式会話 (casual speech) における音韻縮約によって表される」という記述に留まっており,格推移現象への言及がない。

Stahlke は,英語の口語代名詞の音形の違いに徹底的にこだわ

り，それぞれを (21) の四つのカテゴリーに分類し，(26) のパラダイム（語形変化表）を提示している。(['] は強勢を表す。)

(26) 英語の人称代名詞のパラダイム

		単数	共通	複数
a.	独立(形)			
	一人称	['miː]		['ʌs]
	二人称		['juː]	
	三人称			
	男性	['hiːm]		['ðɛːm]
	女性	['hɚː]		['ðɛːm]
	中性	['it]		['ðɛːm]
b.	主語・焦点(形)			
	一人称	['ʌːi]		['wiː]
	二人称		['juː]	
	三人称			
	男性	['hiː]		['ðeːi]
	女性	[ʃiː]		['ðeːi]
	中性	['it]	['ðeːi]	
c.	主語・トピック接辞			
	一人称	[ə/ʌ]		[wɨ/wə]
	二人称		[jə]	
	三人称			
	男性	[ɨ]		[ðeː]
	女性	[ʃɨ]		[ðeː]
	中性	[ɨt/ət]		[ðeː]

d. 目的語・既知接辞

一人称	[mɨ]	[əs]
二人称		[jə]
三人称		
男性	[im/m]	[ɨm/m]
女性	[ə]	[ɨm/m]
中性	[it/ət]	[ɨm/m]

しかしながら，上のパラダイムのそれぞれの形態を別々の語であるとみなすと，語彙体系が複雑になり言語獲得上の負担も大きい。大多数の話し手にとって，統語上の機能と表記上の形態が同じである (a) と (d)，(b) と (c) がそれぞれ別個の単語であるという意識はないと思われる。

結論としては，Stahlke のパラダイムをそのまま受け入れるのではなく，人称代名詞体系にみられる統語論上の原則と語用論上の原則との相互作用を，次のような形でまとめるのが適当であると考える。

(27) i. 英語の人称代名詞には，主格形と目的格形がある。[9]
 ii. いずれも，焦点位置では強勢を伴う完全形 (full form) をとり，非焦点位置では接辞化する。
 iii. 主格形が用いられるのは，時制文[10]の主語に限られ，その他の位置では目的格形が生じる。

---

9. 第1節で断ったとおり，ほかに，所有格（属格）形，独立所有格形，再帰代名詞形も存在しているが，本章における考察の対象外であるためここでは省略した。
10. 定形節ともいい，テンス（時制）をもった文のこと。

7. おわりに

　本章では，現代口語英語の人称代名詞体系にみられる語用論的要因とその影響について，格標示と談話機能という二つの次元の相互作用を中心に，「通言語学（cross-linguistics）」的観点を取り入れながら考察した。その結果，アングロ・サクソン時代以降の一連の変化の中でそのほとんどが失われた「名詞の格変化のなごり」としての「代名詞の格体系」が，語用論上の原則による再構造化を受けているという事実がクローズアップされることになった。

　人間が一度にデータ処理できる情報の量は限られている。一つのイントネーション・ユニットに含まれる完全名詞句（full noun phrase）（代名詞等ではなく，the house, a little girl, my nephew のような普通の名詞句）の数は多くて一つである。名詞句は原則的に新情報を担うため，一つのイントネーション・ユニットに二つ以上あるとデータ処理に支障をきたす。名詞句の項が複数登場する場合，一つを除き，ほかは接辞代名詞化するのがふつうである。代名詞だけなら，(18) のように一つのイントネーション・ユニットに3個以上含まれる例も珍しくはない。このことと，格標示の普遍的な認識論上の機能が文中名詞句の文法機能の弁別であることを考え合わせると，それが名詞から失われた後も，代名詞には残った理由の一つであると考えられる。

　語用論の原則が文法に与える影響を考えると，焦点代名詞がすべて目的格形となるのも時間の問題かもしれない。しかし，現時点では単独主語の位置では，依然として主格形の使用が主流であ

る。[11] 英語はやはり主語中心言語 (subject-prominent language) なのである。[12]

---

11. Stahlke (1984: 360) の指摘によると，子どもや若者の発話には Me and Scott are going to go play video games.（ぼくとスコットは今からビデオゲームで遊ぶんだ）のような表現が見られるが，いまだ完全な市民権を得るには至っていないようである。

12. Li and Thompson (1976) 参照。

第 2 章

他動詞と自動詞の間

1. はじめに

日本語は、「動く」と「動かす」、「割れる」と「割る」のように、自動詞と他動詞を形態上明確に区別するしくみになっている。しかし、実際に文中で使われる際には、他動詞でも目的語を伴わずに現れることが多い。分かっているものはなるべく言わないで済ますという談話構造上の大原則があるためである。これに対し、英語では、自動詞と他動詞が同じ形のもの（move, break など）が多いという形態上の特徴はあるものの、他動詞は必ず目的語を伴うという文法上のかなり強い制約が存在している。

ところが、(1) のように他動詞が「目的語無し」で生じている英文も実際には数多く存在している。

(1) a. Please let me *explain*.
    （説明させてください）
  b. You still don't *understand*.
    （あなたはまだ分かっていない）
  c. He *is studying*.
    （彼は勉強中です）
  d. Jack *drinks* heavily.
    （ジャックは大酒飲みだ）

(1) のイタリック体の動詞は、どれも、通常、何らかの目的語の存在を含意するものばかりである。このように、他動詞が表面上目的語をとる場合と、とらない場合との両様に使える（柔軟性がある）のは、英語の特異な性質の一つである。

(1) のイタリック体の動詞の用法に関する説明の仕方には、大

きく分けて二つの立場がある。一つは「(目的語の) 省略可能性」という観点に立って, (1) の文はどれも「分かっている目的語を省略」することによって生じた, と考える立場である。もう一つは「文として完結しているかどうか」という観点から眺め, その結果として, 目的語の「脱落タイプ」(elliptical type) (例: (1a), (1b)) と「非脱落」タイプ (non-elliptical type) タイプ (例: (1c), (1d)) の2種類があるとする立場である。

(1) のようなケースをみると, 次のような疑問が生じる。(i) 目的語を必要とする動詞がある一方, 多くの他動詞が目的語無しでも生じるのはなぜか。(ii) 目的語が表面に現れていない場合, 意味の次元では存在しているのかどうか。(iii) 目的語の欠如が統語的に説明できない時, それは語そのものの意味レベル (語彙意味論) で説明できるものか, それとも語の使い方 (語用論) で説明できるものなのか。(iv) 目的語無しの文を発話する話し手のコミュニケーションの意図はどのようなものか。(v) 目的語無しの文がもつ意味特徴や談話機能はどのようなものか。

本章では, 語彙意味論・談話機能論の立場から, 以上の五つの点を検証する。

2. 他動詞性のゆらぎ

辞書を見ると, 英語の動作動詞の定義は, 通例として, 他動詞用法と自動詞用法とに分けて記載されており, 自他両様に使われる動詞の数や種類が相当多いことが分かる。その一つのタイプが, move, open, break などの「運動と変化 (move and change) の動詞類」である。

(2) a. She *moved* her fingers rapidly.
 (彼女は指をせわしく動かした)

 b. Her fingers *moved* rapidly.
 (彼女の指はせわしく動いた)

(3) a. Jane *opened* the door.
 (ジェーンはドアを開けた)

 b. The door *opened*.
 (ドアが開いた)

(2), (3) について，それぞれの (a) 文と (b) 文を対応させてみると，「自動詞用法の主語」と「他動詞用法の目的語」が同じであることが分かる。これらの動詞は，「自動詞の主語＝他動詞の目的語」という特徴をもち，能格動詞と呼ばれることもある。[1] その他のタイプでは，他動詞用法，自動詞用法を通じ，主語の「意味役割[2]」は変わらず，一定である。

自動詞用法のみをもった英語の動詞の数はそれほど多くない。純粋な自動詞と思われる walk, die のような動詞でさえも，下記のように目的語を伴う場合がある。

(4) John *walked* the dog.
 (ジョンは犬を散歩させた)

(5) He *died* a glorious death.
 (彼は栄光のうちに死んだ)

---

1. このタイプの動詞には boil, break, burn, close, decrease, drop, melt, pass, roll, spread, start などさまざまなものがある。
2. 意味の上でのはたらき。動作主 (agent), 被動者 (patient), 経験者 (experiencer), 起点 (source), 目標 (goal) など。

(4) はいわゆる自動詞の使役用法, (5) は dream a good dream 等でおなじみの同族目的語 (cognate object) 構文の例である。

次の (6), (7) はごく普通の他動詞構文のようにみえるが, 目的語 her hand, his shoulders が, コミュニケーション上有意な情報を含んでいないという点で, (5) と似ている。それは wave, shrug という動詞の語義に, それぞれ「手を振る」「肩をすくめる」という意味が含まれているためである (Lehrer (1970))。

(6) Jane *waved* her hand at us.
    (ジェーンは我々に向かって手を振った)
(7) Bill *shrugged* his shoulders.
    (ビルは肩をすくめた)

wave を用いた次の3種類の文を比べてみよう。

(8) a. She *waved*.
       (彼女は手を振った)
    b. She *waved* her handkerchief.
       (彼女はハンカチを振った)
    c. She *waved* her pretty little hand.
       (彼女はかわいい小さな手を振った)

(8a) には目的語がないが, 彼女が振ったのは「手」であるという含意が存在する。もちろん, her hand を加えても意味は変わらないが, (「馬から落ちて落馬した」と似たような)「ことばの不必要な繰り返し」(tautology) に近い冗長な感じを受ける。(8b) は目的語 her handkerchief が, 動詞に含意された hand とは異なる情報を担っているため, 文法的にも語用論的にも問題がな

い。(8c) は動詞に含まれる情報以外の新しい情報 pretty little が目的語の一部に加わっていて自然な文である。

　このタイプは，しばしば他動詞の目的語が省略されていると解釈されるが，元来は自動詞で，他動詞用法のほうが派生的である。wave と shrug はどちらも身体部位の動きを表現する動詞で，どの部位が動くかに関する情報もその意味の中に含まれている。このタイプの自動詞用法と他動詞用法の意味の違いには規則性が観察される。自動詞用法は，何かを伝えるための身振りとして，身体部位を全体的に動かすことを意味している。一方，他動詞用法は，「聞き手の注意」を目的語の身体部位に向けるところに主眼があり，そこに情報価値も発音上の強勢も置かれている。したがって，動詞の語義（の一部）として含まれる情報以外のものが目的語として生じるとき，動詞にもともと含まれていた目的語情報はキャンセルされるシステムであることがわかる。

3. 他動詞性が内在するタイプ

　もう一つは，目的語を内包せず，本来的に他動詞であるにもかかわらず目的語無しでも用いられるタイプである。上記の (1) や以下の (9Bii), (10Bii) はその例である。

(9) 　A: 　Is that your new violin?
　　　　　(それはあなたの新しいヴァイオリンですか)
　　　B: 　i. 　Yes, but I cannot *play* it well yet.
　　　　　　　(そうですが，まだこれをうまく弾きこなせていません)
　　　　　ii. 　Yes, but I cannot *play* well yet.

(そうですが，まだ演奏は下手です)

(10) A: What have you been doing?
(何をしていたんですか)

B: i. I've *been painting* a picture.
(絵を描いていました)

ii. I've *been painting*.
(描いて／塗っていました)

以上のように，英語の他動詞の多くは，目的語を伴う用法と伴わない用法の両方をもっているが，どんな環境（文脈）においても目的語を必要とするタイプも存在する。次の (11) と (12) を比べてみよう。

(11) A: Who *took* the picture?
(誰が写真を撮ったのですか)

B: i. Jack *took* the picture.

ii. Jack *took* it.

iii. *Jack *took*.
(ジャックが撮りました)

(12) A: Who *passed* the exam?
(誰が試験に合格しましたか)

B: i. Jack *passed* the exam.

ii. Jack *passed* it.

iii. Jack *passed*.
(ジャックが合格しました)

(11Bi) と (12Bi) は共に文法的であるが，語用論的にはやや不自然である。その理由は，主に，「コミュニケーション上不必要な

項目は省略あるいは縮約する」という,「言語使用の経済性」に違反しているからである。それに対し, (11Bii) と (12Bii) は「代名詞という縮約形の使用」という文法的手段によって, 同じ項目の繰り返しを避けている。こちらは, 経済的で, コミュニケーションを円滑にする典型的な受け答えである。(12Biii) では, 余剰な項目が取り除かれ, 言語使用の経済性がさらに進んでいる。(12Bii) と (12Biii) は代名詞があっても無くても文法的であり, 意味の違いも生じないため, 経済的な言い方が 2 種類あるということになる。しかし, (11) では事情が異なり, (11Biii) は非文 (文として成り立たない文) である。

次に, 文脈から判別できる余剰的な目的語をめぐり, このように省略が可能なケースと不可能なケースがあるのはなぜか考えてみよう。(11Biii) と (12Biii) は文法構造は同じなので, ここに関わっているのは, pass タイプの動詞と take タイプの動詞の語彙・意味上の特性の違いであると推測できる。他の例をみてみよう。

(13) A: Did you *hear* the news?
(ニュースを聞きましたか)

B: *Yes, I *heard*.

(14) A: Who *damaged* the key?
(誰が鍵を壊したのですか)

B: *I *damaged*.

(15) A: Did you *watch* the play?
(劇を見ましたか)

B: Yes, I *watched*.
(はい, 見ました)

(16)　A:　Who *washed* the car?
　　　　（誰が車を洗ったんですか）
　　　B:　I *washed*.
　　　　（私が洗いました）

(13), (14) を (15), (16) と比べてみると, hear, damage は take と同類で, watch, wash は pass と同類であることが分かる。文脈上分かっている目的語の場合, 前者 (take, hear, damage) は省略できないが, 後者 (pass, watch, wash) は省略できる。この違いは, 動詞がとることができる目的語の種類に関する (動詞に内蔵された) 制約の有無に起因する。すなわち, take, hear, damage 等には, 事実上, 目的語についての制限がない。たとえば, take は (medicine, umbrella など) 具体的な事物から (opportunity, idea など) 抽象的な概念まで, あらゆる種類の目的語をとることができる。一方, pass, watch, wash 等には, それぞれの語の意味の中にとり得る目的語についての情報が含まれている。たとえば, pass は語彙意味上の制約から, 主語がそれに向かってあるいはそれを通って移動できる類いの目的語 (具体的なものでも抽象的なものでも可能) を要求する。watch, wash 等も同様にそれぞれ, 目に見える動くもの, 水等で汚れを落とすことができる存在物といった特定的な目的語を要求する。

また, take タイプの動詞の中には, 語彙特性として, 広い意味での身体的・物理的な動作／動きを表すという意味特徴を共有するものが多い (例: avoid, carry, catch, get, make, damage, etc.)。このタイプでは, 動詞の意味の幅が広くて漠然としているため, 目的語が無いと具体的にどのような動作や動きなのかが

表示できない。そのため，動詞と目的語が分かちがたく結びついており，この二つがセットで一つの具体的な動作を表す仕組みが成り立っている。

　意味指定が不十分な動詞の場合は，談話機能論的観点からも目的語の削除が容認できない。たとえば，(11), (13), (14) のような文脈では，動詞を繰り返すこと自体が言語使用の経済性に反しており，情報構造上も意味がない。既出項目の繰り返しに過ぎず，有用な追加情報を何ら提供していないからである。動詞自体を代用形 do で置き換え，Yes, I did. や I did. としたり，(Yes / No 疑問文に対する答えなら) 単純に Yes. とするほうが無駄がなく経済的である。したがって，このタイプの場合，目的語を省いて動詞だけを残す応答は，統語論，意味論，語用論のどの観点からも容認できないことになる。

　次に，(15B), (16B) に注目すると，質問／応答の文脈で，代動詞 do を用いたり，Yes / No で簡単に答えることができるにもかかわらず，動詞だけを残す意味・効果は何であろうか。これは語用論の問題で，背景にあるのは，コミュニケーションにおける話し手の意図である。すなわち，これらの文では動詞の反復によって，「(「見る」，「洗う」といった) 動作のタイプを強調する」という効果が生み出されている。話し手は「労力は最小限に」という法則に意図的に反して，相手が訊ねていること以上の情報を提供しているのである。

4. 他動詞が自動詞化するとき

　第 2 節でみた wave, shrug タイプの，ひんぱんに目的語無し

で生じうる他動詞グループについて改めて考えてみよう。このタイプは，明示されない目的語がどのようなものかが，文脈からではなく，動詞の語彙意味特性から復元できる。

(17)　A:　Would you like to *eat* some cake?
　　　　　（ケーキを少し召し上がってください）
　　　B:　No, thanks.　I don't care to *eat* just now.
　　　　　（結構です。今のところ食欲がありません）
(18)　Mary *dances* the tango badly.　Can you *dance*?
　　　（メアリーはタンゴを踊るのが下手だ。あなたはダンスをしますか）
(19)　John *drinks* only gin, but I wouldn't *drink*.
　　　（ジョンはジンなら飲むが，僕は酒類を口にしない）

(17B)の表現されていない目的語は，ケーキとは限らず「食物一般」である。(18)の場合は，タンゴだけでなくて「ダンス一般」である。(19)では，「アルコール類一般」であり，ジンとは限らない。

このタイプに関して，これまで主に二つの見方があった。一つは，元からあった目的語が削除されたとみる見方である。たとえば，Lehrer (1970) はこの立場に立っており，(i) 特定の目的語の削除のみを許容するタイプ（例：wave (hand), dance (dance), spit (spit, saliva), hear (sound, noise)）[3]と (ii) 二つ以上の目的語の削除を許容するタイプ（例：spend (time; money; energy), borrow (money; possessions)）とに分類し

3.　spit と hear は削除可能な目的語が二つあるように見えるが，同義語・類義語であり，意味的には一つと考えられる。

ている。[4] また，Allerton (1975) は，「削除や代用形の使用という現象一般」の本質について論じ，その中で，このタイプは「不定なものを削除する操作」の結果として生じたものであるとしている。

もう一つの見方は，もともと「目的語は不必要だから無い」というものである。Thomas (1979) によれば，このタイプは目的語が「非具現 (non-realization)」的であるケースであり，目的語が不在でも情報が欠けているわけではなく，必要がないから目的語が無いとされた。本章の立場は基本的にこの考え方にそっており，(17)-(19) の例は，どれも「目的語が無い状態で完結している文」であると考える。次の例をみてみよう。

(20) A: *Have* you *been reading* 'Alice in Wonderland'?
(『不思議の国のアリス』を読んでいたのですか)

B: I've *been reading* but not 'Alice in Wonderland'.
(読書はしていましたが，『不思議の国のアリス』を読んでいたのではありません)

(21) A: What have you been doing there?
(そこで何をしていたんですか)

B: *I've been watching*.

(22) A: *Have* you *been watching* television?
(テレビを見ていたんですか)

B: *I've been watching*, but not television.

---

4. 実際には四種に下位分類されているが，残りの二つは，前節で別に扱った「文脈による削除 (contextual deletion) タイプ」に包含される。

read が目的語無しで生じるときは、もともとあったものが省略されたのではなく、read 一語で「読書する」という完結した意味で用いられているのである。読書行為自体には、当然、何らかの対象物の存在が必然的に含意されているが、それを明示的に述べるかどうかは話し手の発話意図によって決まる。一方、watch が目的語無しで生じるのは、目的語が文脈から復元可能なときに限られる。(21B) が非文なのは、先行文脈中に watch の目的語に当たるものがないからである。また、(22B) が非文なのは、(22A) の前半の文の、文脈に依存する (television を watch の目的語とする) 解釈と but 以下の文の意味とが矛盾するからである。

次の例の telephone と ring up[5] の間にみられる対比は大変興味深い (Allerton (1975))。

(23) A: What's the secretary doing?
 (秘書は何をしているんですか)

 B: i. She's *been telephoning*.
  (電話中です)

  ii. She's *ringing up*.
  (電話をかけています)

(23Bi) は、read / telephone タイプの「他動詞の自動詞用法」である。それに対し (23Bii) は watch タイプで、「文脈からの復元可能性に基づく削除」の例である。telephone と ring up は同じ動作を表すが、(23Bi) はこれだけで完結した文である。つまり、

---

5. 主としてイギリス英語であり、アメリカ英語では call がよく用いられる。

動作の種類だけを表示し，電話の相手（が誰かということ）に関する情報を含まない表現である。一方，(23Bii) は先行文脈中に電話の相手に関する情報が含まれていない環境では使用できない。すなわち，電話の相手が誰か分かっていない文脈中では，(23Bii) は解釈不可能であり，不完全な文となる。(23Bii) を発するためには，(23A) の発話に先立って，電話の相手に関する話題が出ていることが前提になる。

第2節で考察したものも含め，read / telephone タイプの動詞は，疑似自動詞（pseudo-intransitive verb）と呼ばれることがある。表面的には自動詞のように見えても，語彙・意味の上では動作対象を含意し，それを欠くと行為が成り立たないからである。ただし，目的語がコミュニケーション上不要なときは自動詞的に用いられる。それは，文法の問題ではなく，動詞の語彙意味論と話し手・聞き手の語用論的意図に関わる操作である。

動詞がもともと自動詞か疑似自動詞かを調べるテストは，現在分詞形にして名詞の前に置いてみることである。本来的な自動詞なら，barking dogs（吠えている犬），arriving guests（到着しつつある客）のように，名詞の前置要素になることができる。しかし，疑似自動詞はこのように用いることができない。*a reading boy，*a telephoning secretary 等と言えないのはこのためである。[6]

---

6. 同族目的語をとる動詞の現在分詞形は名詞の前置要素になることができる（例：a dreaming girl（夢見る少女），a sleeping baby（眠っている赤ん坊））。また，疑似自動詞でも「ly 副詞」を伴っている場合は容認可能である（例：a silently reading boy（黙読している少年），a loudly telephoning secretary（大声で電話している秘書））。一見よさそうな a smoking man は

5. 3タイプの「脱他動詞化」

文脈による削除を除いて，他動詞が目的語無しで生じる現象を一括して，以下，脱他動詞化 (detransitivization) と呼ぶことにする。この特異な現象の諸相を明らかにするために，他動詞の語彙・意味上の性質をいろいろ調べてみると，目的語の表示に関するさまざまな違いが浮かび上がってくる。

脱他動詞化には，大きく分けて，(i) read / telephone タイプ；(ii) drink / shave タイプ；(iii) steal / see タイプの3種類がある。以下，それぞれのタイプの特徴について詳しくみていくことにする。

5.1. read / telephone タイプ

このタイプの動詞は，標準的あるいは典型的な目的語が含意される動作を表す。言い換えれば，動詞の意味によって必然的に可能な目的語の性質が決まってくる。たとえば，read の場合は，書物やそれに類する文字の書かれたものであり，telephone の場合，目的語は人物に限られる。次の例文中，(a) 文には（表面に現れていないが）語彙的に指定された目的語が含まれている。(b) 文では追加情報を含んだ目的語が明示されている。

(24) a.　Jane is *cooking*.　　　　　　　　(food / meal)
　　　　（ジェーンは料理している）　　　　（食べ物／食事）

「喫煙している男」（疑似自動詞の解釈）ではなく「身体から煙が出ている男」（本来的な自動詞の解釈）であるため注意が必要。

    b. Jane is *cooking* Irish stew.
       (ジェーンはアイルランド風シチューを料理中です)

(25) a. Do you *smoke*?　　　　　　　　　　　(tobacco)
       (あなたは吸いますか)　　　　　　　　　　(タバコ)

    b. Do you *smoke* cigars?
       (あなたは葉巻を吸いますか)

(26) a. Mary's *been sewing*.　　　(cloth / article of clothing)
       (メアリーは縫っている)　　　　　　　　(布／衣服)

    b. Mary's *been sewing* her wedding dress.
       (メアリーは自分のウエディングドレスを縫っている)

(27) a. I'll *write* soon.　　　　　　　　　　　(letter)
       (近いうちにお便りします)　　　　　　　　(手紙)

    b. I'll *write* a letter of recommendation soon.
       (近いうちに推薦状を書きます)

(24)-(27) の cook, smoke, sew, write はすべて，可能な目的語を意味的に含意するタイプの動詞である。追加情報が無い場合は，目的語無しで使われ脱他動詞化するが，本来的に他動詞であることに変わりはない。

5.2. drink / shave タイプ

　このタイプも，可能な目的語として，動詞が表す動作の種類によって狭く限定された意味特徴をもつものを指定する。たとえば，drink の場合の目的語は「液体」でなければならず，shave は表面に毛の生えているものに限られる。しかし，脱他動詞化した際は，可能な目的語そのものではなく，より制限された特定のものが社会慣習的に含意されている。次の例をみてみよう。

(28) Dick *drinks* heavily.　Do you *drink*?
　　　(ディックは大酒を飲む。あなたはお酒を飲みますか)
(29) John *shaves* every morning with an electric razor.
　　　(ジョンは毎朝電気カミソリでヒゲ剃りをする)

(28)のイタリック体の drink に含意された目的語は，液体なら何でもよいのではなく，「アルコール飲料」に限られる。(29)の shave の目的語は，間違いなく，主語 John の顔 (his face) である。[7] このタイプの動詞が目的語無しで生じるときは，表示する動作も特定化され，限定されたものである。(28), (29)でイタリック体の「動詞」が表しているのは，それぞれ「飲酒」「ヒゲ剃り」という特定化された行為である。

当然ながら，一般的に「飲む」や「剃る」という動作を意味するときには目的語が必須である。次の例をみてみよう。

(30)　A:　Where's my lemonade?
　　　　　(私のレモネードはどこに行ったの)
　　　B: *I *drank*.
(31) My legs are getting too ugly.　*I must *shave* soon.
　　　((スネ毛が伸びて)足がみっともなくなった)

(30B), (31)をみれば，先行文脈から目的語が何であるか分かっている場合でも脱他動詞化は不可能であり，非文になることが分かる。

このタイプの動詞には，ほかに expect, propose, drive などがある。expect は be expecting という進行形で脱他動詞化し，

---

7. 日本語から連想される「ヒゲ」ではない。

「妊娠中」を意味する。propose は「結婚を申し込む」，drive は「自動車を運転する」の意味でそれぞれ脱他動詞化する。

- (32) Mary *is expecting*.
  (メアリーは妊娠している)
- (33) Bill *proposed* to Betty.
  (ビルはベティーに求婚した)
- (34) Do you *drive*?
  (あなたは車を運転しますか)

このタイプには，脱他動詞化する際に含意する目的語が 2 種類以上あるものがある。その代表的なものは change である。たとえば，I changed here. という文は，「電車を乗り換えた」と「着替えた」の 2 種類の解釈が可能である。ただし，このようなあいまい性は，文脈によって解消され，通常，どちらかの意味に限定される。

5.3. 一般化と特定化

5.1 節と 5.2 節で扱った「脱他動詞化する動詞」の二つの下位類を比べると，一方では意味の「特定化」が生じ，もう一方では（それとは反対方向の）「一般化」に向かっていることが分かる。すなわち drink / shave タイプは，明示的目的語と共に生じると一般的な意味になり，目的語が伴っていないときには特定的な意味になる。一方，read / telephone タイプの場合，明示的目的語は特定的な動作対象を表し，目的語が無いときには一般的な行為を表す。次の例をみてみよう。

第 2 章　他動詞と自動詞の間

(35)　A:　What have you been doing all this while?
　　　　　（今まで何をしていたんですか）
　　　B:　i.　I've been reading.
　　　　　　　（読書をしていました）
　　　　　ii.　I've been reading a fascinating article.
　　　　　　　（興味深い論文を読んでいました）
　　　　　iii.　I've been drinking.
　　　　　　　（(酒を)飲んでいました）
　　　　　iv.　I've been drinking three cups of coffee.
　　　　　　　（コーヒーを三杯飲んでいました）

(35Bi) は話し手が行っていたのが「読書という行為」であったことを伝えているだけであるが，(35Bii) はその行為の内容をより詳しく報告している。(35Biii) の場合，drink は単に「飲む」という一般的な行為ではなく，「飲酒」という特定的な行為を表示している。他方，(35Biv) の drink は，一般的な「飲む」という動作を表している。このことから，「read / telephone タイプの脱他動詞化は意味の一般化」につながり，「drink / shave タイプの脱他動詞化は意味の特定化」につながる，という法則が浮かび上がる。関連して，次の例をみてみよう。

(36)　Fred drank gin at the party.
　　　（フレッドはパーティーでジンを飲んだ）

(36) は，脱他動詞化した drink がもつ「飲酒する」よりもさらに特定的な「ジン（という特定の酒）を飲む」という意味を表しており，一見すると「drink / shave タイプの脱他動詞化」をめぐる「意味の特定化法則」に反しているように見える。しかし，そも

そも (36) には目的語が存在しており，脱他動詞化文ではない。したがって，この drink に「飲酒」という特定化した意味はなく，通常の「飲む」という意味の動詞がたまたま酒の一種を明示的目的語として伴っている他動詞文であるに過ぎない。

5.4. 語彙的な意味と社会慣習的な意味

read / telephone タイプと drink / shave タイプの脱他動詞化には，もう一つ顕著な違いがある。すなわち，read / telephone タイプの脱他動詞化文の場合，本来的意味は動詞の語彙的意味に内包されている。一方，drink / shave タイプの脱他動詞化が表示する特定的意味は，（今では語彙化されているが）元々は社会慣習に由来するもので，この種の特定化は，社会・語用論的要因によって生じたと考えられる。たとえば，宗教上等の理由でアルコールを飲むことが禁じられている社会では，「飲む」という行為とアルコール飲料が，英語の場合のように慣習的，自動的に連想されるとは考えられない。同様に，男性はヒゲを生やすのが普通という社会では，「剃る」という行為と男性の顔が自動的に結びつくことは考え難い。

5.5. steal / see タイプ

脱他動詞化する動詞の第三のタイプは，動詞自体の意味が高度に特定化された動作を表し，目的語には事実上何の制限も課されないという特徴がある。代表的な例として，steal, see, annihilate, iron が挙げられる。

(37) He *steals* (= is a thief).

(彼は盗みをする)(＝泥棒である)

(38) Chickens can't *see* in the dark (＝are night-blind).
(ニワトリは暗いところでは目が見えない)(＝鳥目(夜盲症)である)

(39) This weapon doesn't merely kill, it *annihilates*.
(この武器は,単に殺傷能力があるだけでなく,皆殺しにできる)

(40) Jane *irons* on Tuesdays.
(ジェーンは火曜日にアイロンがけをする)

(37)–(40)の例は,動詞によって示された行為をめぐる「主語の一般的属性・習慣」を述べた文であって,目的語の不在はコミュニケーションの意図を反映したものである。

5.6. pass タイプか steal タイプか

目的語無しで生じた場合,第3節でみた「文脈による削除」を容認する pass タイプとも steal タイプとも解釈できる動詞がたくさんある。たとえば,次の二文はそのどちらの可能性もあり,あいまいである。

(41) John wants to *sell* cars, but I don't think he can *sell*.
(ジョンは車のセールスをしたいと思っているが,彼に売れるとは思わない)

(42) I can't *see*.
(見えない)

(41)は,話し手が,ジョンの「自動車の販売人」としての手腕を疑問視しているとも,単に,もの一般を売る能力があるかどうかを疑っているとも,どちらとも解釈が可能である。前者であれば

pass タイプ（文脈による削除），後者なら steal タイプの脱他動詞化ということになる。同様に，(42) は，「何かが邪魔になって見ようとしているものが見えない」という解釈（pass タイプ）と，「目が見えない（盲人である）」という解釈（steal タイプ）の両方の可能性がある。

6. 目的語のない文の談話機能

上記でも触れたが，他動詞が目的語を伴わないケースには話し手のコミュニケーション意図が関係している，という談話語用論上の事実は重要である。Munro (1982) は，英語の他動詞が She's cooking.（彼女は料理している）のように目的語無しで用いられていたら，話し手の興味・関心は具体的な動作対象（目的語）よりも「行われている動作のタイプ」にあると解釈するのが普通である，と述べている。これは「動作中心説」と呼ぶことができる。この観点から改めて眺めると，これまで議論してきた例はすべて，文脈による削除であっても脱他動詞化であっても，一様に「動作中心文」であるという説明が可能となる。

「動作中心説」を，第2節で扱った Allerton (1982) による「身体部分の動きを表す他動詞用法」と結び合わせると，次のような一般化が成立する。

(43) 目的語を伴わない他動詞表現に共通する談話機能は，「動作のタイプの焦点化」である。

(43) に関する共通性はあるものの，文脈による削除と脱他動詞化との間には次のような違いが観察される。

(44) i. （文脈と無関係の）語彙・社会的慣習に由来する無目的語表現（脱他動詞化文）は，説明文に現れることが多い。

ii. 文脈に由来する無目的語表現（文脈から復元可能な目的語の削除）は，特定の事実・事象の記述の中で用いられる傾向がある。

特に注目すべきは，(8a), (9Bii), (25a), (28), (29), (34), (37)-(40) など，多くの脱他動詞化文に共通する，「特徴的な行為を述べる」ことによって「主語の性格についての情報を提供する」という談話特性である。すなわち，主語が人間であれば，「人柄・能力」についての情報を，人間以外のものであれば，「そのものの性質」を提示するはたらきをする。たとえば，annihilate は，(39) のように，「主語の一般的特質」を表現している文中では脱他動詞化が可能であるが，「特定の出来事」を記述する文中に目的語無しで用いると，容認可能性がかなり低くなる（例：?Yesterday he went out and annihilated.）（文頭の「?」は容認可能性が低い文を示す記号）(Huddleston (1984: 193))。もう一つの例をみてみよう。

(45) Jack is a bad boy and *steals* cars, but John is good and wouldn't *steal*.
(ジャックは悪い少年で車を盗むが，ジョンは良い少年で盗みをしない)

(45) の but に続く部分は，主語の John に関する肯定的な性格づけ・評価を述べている文である。この文における steal が含意する目的語は車ではなく「もの全般」である。

7. 「個体認定」と「脱範疇化」

上でみてきた「脱他動詞化」と直接的に関係する言語現象に，「目的語の脱範疇化 (de-categorization)」がある。その代表的なものは，(46b) のような「目的語抱合 (object incorporation)」現象である (Givón (1984))。

(46) a. John hunted *the deer* / *a deer*.
   (ジョンは鹿を狩った)
   b. John did some *deer*-hunting.
   (ジョンは鹿狩りをした)

(46a) では，特定的で，唯一的な指示をもつ鹿が存在しているが，(46b) では，鹿が個体認定 (individuation) されず，脱範疇化しており，目的語としての資格をもっていない。

日本語には，(46b) に類する，目的語を抱合した動詞の名詞化形がたくさん存在する。たとえば，次の (47) は「漢語を用いた複合語」(Sino-Japanese compound) に，(48) は「和語の複合語」に，それぞれ「する」がついた複合動詞の例である。

(47) a. 読書する
   b. 転居する
(48) a. 本読みをする
   b. 歯みがきをする

世界各地の言語にしばしばみられるもう一つの脱範疇化メカニズムとして，個体として認定されていない目的語（例：はだか名

詞[8])の使用がある。このタイプの目的語は、たとえば、(49)のような、脱範疇化に特徴的な形をしている（Allen (1980: 565)）。

(49) a.　John hunted *deer*.
　　　　（ジョンは鹿狩りをした）
　　b.　Nick Frenzy plays *guitar* with noise.
　　　　（ニック・フレンジーのギター演奏はノイズ入りだ）

これらの文の目的語は、次の (50) にみられるような典型的な目的語とは文法上も意味上も異なった性格をもっている。

(50) a.　John hunted *the deer / a deer*.　(= (46a))
　　　　（ジョンは鹿を狩った）
　　b.　Nick Frenzy played *the guitar* for two hours.
　　　　（ニック・フレンジーはギターを2時間演奏した）

(49) の目的語 deer と guitar は、(50) の the deer / a deer, the guitar とは異なり、特定の指示対象がない。この意味解釈上の違いが「はだか名詞」という形に反映されている。(49) の deer と guitar は目的語の位置を占めてはいるが、実質上は脱範疇化しているため、(49a) の意味・機能は、(50a) ではなく (46b) に近い。

　(49) の「脱範疇化した目的語」と (50) の「完全名詞句の目的語」との機能上の違いに類似した対比が、トルコ語の「対格標示」(accusative marking)（目的語を示す語尾）の有無による解釈の

8.　決定詞、数表示、格標示、修飾要素を何も伴わず単独で用いられている名詞。

違いにおいても観察される（Nilsson (1984: 24)）。次の文を比べてみよう。（ACC は対格の略）

(51) a.　Ayşe *baliĝi*　　tutuyor.
　　　　　　fish-ACC she catches / holds
　　　　　（アイシェは魚を捕っている）
　　 b.　Ayşe *balik* tutuyor.
　　　　　　fish　she catches / holds
　　　　　（アイシェは漁をしている）

(51a) の対格標示の付いた baliĝi は個体認定された指示対象をもつ目的語であるが，(51b) の「はだか名詞」balik は目的語としての資格を欠いている。

　ここで，日本語の「魚を釣る」と「魚釣りをする」を対比すると，前者の，対格助詞「を」が付いた「魚」は，行為の対象としての具体的存在であるのに対し，はだか名詞である後者の「魚」は目的語としての資格をもたず，「魚釣り」という名詞句の一部に取り込まれている。ここから，日本語のシステムは，一面ではトルコ語に近く，また，他の面では目的語抱合現象的でもあるといえる。

　次は，フィジー語からの例である。（例文下にある語彙説明中の ASP は aspect（アスペクト，相）の略で，動作・状態の継続，反復，終止などを示す要素。また，ART は article（冠詞）の略）

(52) a.　E-*racia*　　a　　　koro.
　　　　　ASP-look ART village
　　　　　（彼は村を見る）

b. E-*rai*-koro.

　　ASP-look-village

　　（彼は村の監査人です）

(52) から，フィジー語には，目的語の脱範疇化が「動詞の活用語尾の欠如」によって標示されるメカニズムがあることが分かる。

　これまでみてきた目的語の脱範疇化現象はすべて，第6節でも触れた，「動作／行為を通して主語の指示対象を特徴づける」機能という，普通の目的語にはみられない談話機能上の特徴をもっている。(49)，(52b) など多くの文では，主語がどのような人物なのかが，一般的属性，人柄（場合によっては職業）等を通して表現されている。一方，普通の名詞句を目的語にとる文は，通常，「主語が関わった出来事を物語る」のに用いる。

　このように，「脱範疇化した目的語をとる動詞」と脱他動詞は談話機能を共有している。どちらの場合も，話し手のコミュニケーションの意図は，動作のタイプに焦点を当てることによって主語に関する情報を提供することである。この観点から考えると，目的語の脱落（脱他動詞化）現象は脱範疇化の極端なケースとみることができる。

8. 「脱他動詞化文」の談話機能

　(43)，(44) で，脱他動詞化文の談話機能やそれを採用する話し手の発話意図の総括を行った。ほかにも，次のような別個の二つの機能が存在することは明らかである。

(53)　目的語を欠く文は:

　　i.　ある場面において主語（の指示対象）が行っていた動作タイプを説明する:

　　　　I *was reading*.　（私は読書をしていました）

　　　　John's *been painting*.
　　　　（ジョンは絵画制作／ペンキ塗りをしていました）

　　　　Mary just *studied*.
　　　　（メアリーは勉強に集中していました）

　　ii.　主語（の指示対象）の習慣的行為，特徴的動作，属性を記述する:

　　　　John *drives*.　（ジョンは車を運転します）

　　　　Fred *drinks* heavily.　（フレッドは大酒飲みです）

　　　　Chickens can't *see* in the dark.
　　　　（ニワトリは鳥目(夜盲症)です）

後者の機能 (53ii) は，次のタイプの構文がもつ機能とよく似ている。

(54) a.　The car *drives* easily.
　　　　（この車は運転が楽だ）

　　b.　This material *feels* soft.
　　　　（この素材は感触が柔らかい）

　　c.　This dress *buttons*.
　　　　（このドレスはボタンで留めるタイプです）

このタイプは，中間構文 (middle construction)（あるいは能動受動態 (activo-passive)）と呼ばれるもので，本来的には「行為の受け手」である名詞句が主語として現れているという特徴を

もっている。

(54)でも,本来は他動詞であるものが自動詞のように用いられているが,第2節で触れた「能格動詞」とは異なり,目的語は不在ではなく主語の位置を占め,代わりに動作主（他動詞の主語）が消えている。中間構文の機能は,動詞が示す動作・過程に対する順応性・対応の容易さ,適応力などを通して,主語（意味上の目的語）の特徴を述べることである。本章の枠組みの中で考えると,(53)のタイプは,(54)のような中間構文とは別のプロセスをたどって生まれた脱他動詞化文ということになる。

9. おわりに

英語の動詞の他動詞性は一様ではなく変化する。目的語をもつ動詞の大多数は目的語無しでも生じる。本章では脱他動詞化現象を,主として談話語用論的観点から,英語を中心に関連する他言語の例も援用しながら考察した。Lyons (1977: 487) が指摘するように,世界中のほとんどすべての言語には,文が文として成立するために必要な要素の数の増減を許す文法システムが存在していると考えられる。英語における脱他動詞化現象はこの必須要素の数を減らすメカニズムの一つであり,逆に,同族目的語構文は要素数を増やす操作の結果であるとみることができる。

このようなメカニズムが存在する動機は,全般的な談話文脈,特に,話し手・書き手のコミュニケーションの意図にあると考えられる。脱他動詞化など,文中の要素の増減に関わる種々の構文の存在意義も同様である。

第 3 章

ことばの言い換え現象

1. はじめに

人間のことばにはさまざまな側面やレベルがあるが,実際のコミュニケーションの場面で,単語が一つだけ,あるいは,文が一つだけで話が終わることはほとんどない。通常の場合,言語は複数の文章のまとまり,あるいはいくつかの発話のかたまりという形で現れる。そのようなまとまった複数の文からなる発話,対話,書かれた文章が「談話」(discourse)である。

談話のまとまりを保証するメカニズムは,語用論の主要な研究テーマの一つである。言語ごとにそれぞれ特徴があるが,共通する要因としてこれまで指摘されてきたのは,文と文のつながりを機能語(例:定冠詞,代名詞)によって明示する「結束構造性」(cohesion)と,個々の具体的な意味内容のつながりに関わる「首尾一貫性」(coherence)である。この二つは混同されやすいが,別の概念である。

結束構造性のメカニズムは,英語と日本語ではかなり違う。まず,英語は文脈指示 (anaphoric reference) 表現の文法化 (grammaticalization) が進んでいる言語の一つであるが,日本語はそうではない。たとえば,英語の[定冠詞+名詞]構造は,先行文脈の中に同一指示項目が存在する可能性を標示し,結束構造性に貢献している。代名詞も同様であり,たとえば,he は,先行文脈中の「男性性」([+MALE])という素性を持つ名詞句と同じ人物を指している可能性を標示し,談話としてのまとまりを作り出す。このように,冠詞と代名詞は,英語の結束構造性に関わる代表的な文脈指示項目である。一方,日本語は,分かっている事柄は明示的には表現せず,ゼロ形 (zero form) を用いる傾向が

ある。そのため文脈指示項目の種類が少なく、その使用頻度も低い。

　談話のまとまりを保証するシステムがこのように異なるのは、聞き手に対して言語で明示的に表現するのをよしとするか、それとも、必要最小限のことばを用いて、伝達内容を文脈から読みとることを期待するかの違いに起因する。この違いは、英語と日本語のコミュニケーション・スタイル、それに伴う文化の違いと関わる。

　明示的な表現を好む英語には、談話の結束構造性に関わる基本的方策が2種類ある。一つは定冠詞や代名詞のような文法的手段であり、もう一つは、「語彙的言い換え」[1] (lexical substitution) と呼ばれる、単語の交替システムである。「語彙的言い換え」とは、ひと続きの談話の中で先行文脈中に登場したものを指すのに別の単語（語彙項目）を用いる現象（例: the apple と言った後で、同じものを指して the fruit と言う）である。その際に用いられる項目を語彙的言い換え語 (lexical substitute) という。本章は、この「語彙的言い換え」にスポットライトを当てる。

2. 繰り返しの回避

　「語彙的言い換え」の第一の機能は、「繰り返しの回避」である。英語には同一の形式が繰り返し生ずることを嫌うという、かなり際立った特性があり、それを支えている方策の一つがこの「語彙的言い換え」である。

　1.「語彙的置き換え」ともいう。

同じことばを繰り返さず，また，代名詞を用いることもせず，別の語彙を用いて前出のものを受けるというこの文脈指示方策は，話しことばにも書きことばにもよく用いられる。たとえば，a suggestion, a proposal, my idea のような項目が談話内に登場した場合，その後の文脈の中で，同じものを指すのに this suggestion という表現を用いることがある。その際，a suggestion を this suggestion で受けるのは，同一語を使用しているので，「語彙項目の反復」(lexical repetition) である。一方，a proposal や my idea を this suggestion で受ける場合には，類義語 (near-synonym) を用いた「語彙的言い換え」が行われている。

　次節以降では，語彙的言い換えという，英語の英語らしさに貢献している特色の一つをめぐって，その統語上，意味上の機能を考察し，言い換え語として用いられる語彙項目に関わる制約や項目のタイプ，また，その語用論上の機能について論じる。

3. 第二，第三の機能

　一般に，ある指示対象 (referent) に言及する際，用いることのできる語彙項目はいろいろある。たとえば，自動車が一台あり，その色が赤で，車種がフォルクスワーゲンであったとしよう。そしてそれが Rosie という愛称で呼ばれていたとすると，その自動車を指す際に，次のどの語を用いることも可能である。

(1) Rosie, Volkswagen, Beetle, compact (小型車), red car (赤い車), car (車), vehicle (乗り物)

具体的にどれを採用するかは，言語内あるいは言語外の文脈上の

要因によって決まるが,同時に,話者の判断・立場・態度という要因も見逃せない。話者の判断・立場・態度は,指示対象（この場合はその自動車）に対する知識・解釈と結びつくものの,その深浅に完全に左右されるわけではない。なぜならば,その自動車の車種がフォルクスワーゲンであり愛称が Rosie であることは知っていても,なおかつ car を採用する場合もありうるからである（例：見知らぬ人と話しているとき等）。さらに,同一人物が同一談話内で,(1) に挙げた六つの語彙項目を全部,同一の対象に対して次々と用いる可能性もある。

　語彙的言い換えの機能を考えていくうえで,上記の事実は重要である。次の例を考えてみよう。

(2) A.　There's a *whale* on the beach.
　　　　（浜にクジラがいる）
　　B i.　Let's go and look at the *whale*.
　　　　（行ってクジラをみよう）
　　B ii.　Let's go look at *it*.
　　　　（行ってそれをみよう）
　　B iii.　Let's go look at the *animal*. 　　(Chafe (1971))
　　　　（行ってその動物をみよう）

(2A) が発せられ,「それを見に行こう」と言いたいときには,(2Bi) のような「語彙項目の反復」が可能であり,もちろん代名詞で言い換えて (2Bii) のように言うことも可能である。さらに,(2Biii) のように,別の語彙を定冠詞とともに用いて言及することもできる。

　ここで, the whale, it, the animal はそれぞれのやり方で文境

界を越えて，前出の項目 a whale と結びつく。それによって談話の結束構造を支える役目を果たしているのである。(2Bi) の場合は，定冠詞 the と「語彙項目の反復」の組み合わせであり，定冠詞の同定可能性 (identifiability)（指しているものが何であるかが聞き手に分かるはずだということ）の標示機能が働いている。(2Bii) の場合は，代名詞 it が「男でも女でもなく単数」([−MALE, −FEMALE, +SINGULAR]) という素性をもった先行詞の存在を示している。(2Biii) の場合は，言い換え語 animal に付いている定冠詞 the が，(2Bi) と同じく，指示対象の同定可能性を標示する役目を果たしている。言うまでもなく，定冠詞と代名詞は，文と文を結びつける結束機能 (cohesive function) をもった文法項目の代表的な存在である。

　問題は，後続文に出てくる言い換え語の役割である。定冠詞が付随してはいるものの，先行詞とは別の内容語 (content word) であるため，それ自体は直接的に先行文脈と結びつかない。両者の同一指示性を保証しているのは，先行詞と言い換え語の間の語彙・意味上の関連性である。具体的に言えば，(2Biii) では，「animal は whale を指して用いることのできる，より一般性の高い内容語である」という意味特徴が利用されている。背景にあるのは，ある単語（または単語群）によって指示対象が確立した後なら，もう一度同じものに言及する際に少しおおざっぱな言い方をしても誤解は生まれないという暗黙の合意である。両者の関係は，広い見地から，意味論的含意 (semantic implication) あるいは「論理的含意」(entailment) と呼ばれ，簡単に言うと，「もし x がクジラならば，x は動物である。」という形で定式化される。結論として，「語彙的言い換え」のもつ第二の機能は，「意

味論的含意によって談話の結びつき（結束構造性）に貢献すること」である。

ではほかに，［定冠詞＋同一名詞］の構造や代名詞を用いずに，わざわざ言い換えという語彙的手段を用いることによる効果はどのようなものであろうか。

おおざっぱに言うと，(2Bi), (2Bii), (2Biii) の間に大きな意味上の違いはない。言及している場面的状況も同じである。しかし，だからといって，これらの三つの表現の間には意味合いの違いが存在しないわけではない。本節の冒頭で指摘した事実と関連するが，ある指示対象に言及する際，用いることのできる多くの表現のうちどれを選ぶかには，さまざまな文脈上の要因，および，話者（書き手）の立場や態度が大きく関わっている。(B) では文脈上の条件は同一なので，三つの文の間の微妙な違いは話者の立場・見解・態度の違いに起因する。すなわち，(2Bi) のように言うときは，いくらか冗長で，時にはしつこい，あるいは幼稚な意味合いが伴う。(2Bii) のように言う場合は，無色で，情報量も少ない。それに対して (2Biii) のように言う場合には，わざわざ異なる語彙項目を用いていることから，話者がその指示対象に対して普通以上の興味を抱いている等の意味合いが生ずる。これが，語彙的言い換えのもつ第三の機能，すなわち，「話者の立場・見解・態度を伝える機能」である。

以上，「語彙的言い換え」のもつ第二，第三の機能，すなわち「談話内の文相互間の結びつきに貢献する」機能と，「話者の立場・態度を伝える」機能について簡単に紹介した。次節では，前者の「談話内の文相互間の結びつきを貢献する」機能に関わる類似の現象をひととおりみてみることにする。

4. 言い換えと「照応」

前節で述べたように，定冠詞を伴った同一項目の繰り返しや代名詞の使用は，文と文の結びつきに貢献する代表的な文法手段である。Hasan (1968) は，定冠詞や代名詞を「文法的照応 (grammatical reference) 項目」と呼び，それらの使用を「文法的照応現象」と名づけている。

「文法的照応現象」とは別に，Hasan (1968) が「文法的言い換え」(grammatical substitution) と呼ぶ現象が存在する。次の例文中のイタリック体の語は文法的言い換え語 (grammatical substitute) の代表的なものである。

(3) a. Lend me a pen. — You can borrow this *one*.
    (ペンを貸してください。——これを借りてもいいよ)
  b. She sings. In fact they both *do*.
    (彼女は歌を歌う。実をいうと，二人とも歌うよ)
  c. Has he left? — I think *so*.　　　(Hasan (1968))
    (彼はもう出かけたのか。——そうだと思う)

ここで，one は名詞 pen，do は動詞句 sing，so は文 he has left をそれぞれ言い換えたものである。「文法的言い換え語」は，本章のテーマである「語彙的言い換え語」とは異なり，それ自身は意味をもたない機能語 (function word) であり，前出のものと結びついてはじめて意味解釈が可能となるという特徴をもっている。

これらの「文法的言い換え語」は，談話の結束性を文法的に保証している機能語であるという点で，「文法的照応項目」である

定冠詞 (the) や代名詞 (he, her, them, it, this, etc.) と同類である。文法的言い換えと文法的照応は、一見、区別が分かりにくいが、文法的照応項目の弁別的特徴としては次の三点が挙げられる。(i) それ自身の中に意味・語用論上の情報をいくらか含む。たとえば、it は「中性の単数の事物で、発話時の環境の中でそれと分かるもの」という信号を発する。(ii) 先行文脈内だけでなく、言語外の事物にも照応（外界照応）できる。たとえば、発話の現場に存在する人を指して he と言うことができる。(iii) 先行詞は名詞句 (NP) に限られるが、照応項目と先行詞の「統語上の機能」(syntactic function) は異なっていても構わない。たとえば、一方が主語で他方が目的語などであることが可能である。これに対して、「文法的言い換え語」は、(i′) それ自身に意味情報は含まない、(ii′) 先行文脈中の名詞 (N)、動詞句 (VP)、文 (S) の代わりにしか用いられない、(iii′) (名詞の場合) それを含む名詞句の統語上の機能は先行詞と同じでなければならない、といった点が特徴である。

一方、本章のテーマである「語彙的言い換え表現」は、言い換えと照応のどちらの性質も備えていると考えられる。まず、内容語が用いられているため、意味情報を含むことは明らかである。また、名詞の場合、常に定冠詞を伴っている点など、文法的照応との関連は否定できない。しかし、語彙的言い換えは、名詞だけでなく、動詞や形容詞もその対象となる。さらに、名詞句に限って考えると、文法的な照応機能 (referential function) を担うのはあくまでも定冠詞であり、名詞自体は別のものに置き換えられている。これらの点を考慮し、先行詞と異なる語彙項目による言い換えという意味で、「語彙的言い換え」という名称が用いられ

ている。

5. 文法的言い換えと語彙的言い換え

Hasan (1968) は，文法的言い換えの諸相を論じた研究の中で語彙的言い換えにも言及し，次のような例を挙げている。

(4) a. Accordingly ... I took leave, and turned to the *ascent* of the peak. The *climb* is perfectly easy ...
(そこで，...私は出発し頂上をめがけて登り始めた。登坂はとても楽だった)

b. Then quickly rose Sir Bedivere, and ran
And leaping down the ridges lightly, plung'd
Among the bulrush beds, and clutch'd the *sword*
And lightly wheel'd and threw it. The great *brand*
Made lightning's in the splendour of the moon.
(すると，ベディヴェール卿はすぐに起き上がり，
軽々と山の背を駆け下り
草原に飛び込むと，剣をぐいとつかんで
さっと振り投げた。その名刀は
月に輝き，稲妻のような光を放った)

(Hasan (1968))

(4a) は，口語調の言い換えの例であり，ascent が，類義語である別の名詞 climb で言い換えられている。(4b) は，韻文における名詞句の言い換えであり，the sword が the great brand に換わっている。

Halliday and Hasan (1976) は，英語の結束構造性に関わる要因全般について包括的に論じ，その中で,「語彙的結束構造」(lexical cohesion) の諸相について詳しい分析を行っている。しかし，その中心は，文法的手段と語彙的手段の関係，分類，および個々の項目がどのように結束構造に貢献しているかという点に留まり，「語彙的言い換え」のみに焦点を当てた詳細な議論はみられない。

次の例をみてみよう。

(5) a. What should I do with *all this crockery*? — Leave *the stuff* there; someone'll come and put it away.
  (これらの陶器，どうしましょうか。——そこに置いておけば誰かが来て片付けるでしょう)

 b. We all *kept quiet*. That seemed *the best move*.
  (みんな静かにしていた。それが一番いいやり方だと思った)

 c. Can you tell me where to stay in *Geneva*? I've never been to *the place*.
  (ジュネーブではどこに泊まったらいいのでしょう。一度も行ったことがないものですから)

 d. Henry seems convinced *there's money in dairy farming*. I don't know what gave him *that idea*.
  (ヘンリーは酪農が儲かると思い込んでいるようだが，どうしてそう考えるようになったのか分からない)

(5) は「一般名詞」(general noun) を用いた言い換えの例であり，Halliday and Hasan (1976) は，このタイプは文法的結束構造と語彙的結束構造の中間的な性質をもつとしている。なお，ここでいう一般名詞とは，日常会話にひんぱんに登場する，一般

性の高い（意味内容が希薄な）名詞のことであり，それによって指示できる事物，事象の範囲はきわめて広い。

Halliday and Hasan (1976) による一般名詞のリストは，以下のとおりである。

(6) a. people, person, man, woman, child, boy, girl ［人間］
　　b. creature ［人間以外の有生物］
　　c. thing, object ［具体的な，数えられる無生物］
　　d. stuff ［具体的な，数えられない無生物］
　　e. business, affair, matter ［抽象的な無生物］
　　f. move ［動作］
　　g. place ［場所］
　　h. question, idea ［事実］

(Halliday and Hasan (1976))

(6) をみると，一般名詞には，人間に関するものが一番多く，次に抽象的な無生物に関係するものが多いことが分かる。

次の (7a) は同一名詞の繰り返し，(7b-d) は繰り返しを避けて別の語で言い換えている例である。

(7) There's *a boy* climbing that tree.
　　（木登りをしている男の子がいる）
　　a. *The boy's* going to fall if he doesn't take care.
　　b. *The lad's* going to fall if he doesn't take care.
　　c. *The child's* going to fall if he doesn't take care.
　　d. *The idiot's* going to fall if he doesn't take care.
　　（気をつけないと落ちるぞ）

(Halliday and Hasan (1976))

(7a) は同一名詞の反復, (7b) は類義語による言い換え, (7c) は上位語による言い換え, (7d) はいわゆる形容辞 (epithet)[2] を用いた言い換えの例である。同様の例をもう一つ挙げる。

(8) There's a boy climbing *the old elm*.
    (ニレの古木をよじ登っていく男の子がいる)
    a. *That elm* isn't very safe.
    b. *That tree* isn't very safe.
    c. *That old thing* isn't very safe.
       (あの木はそれほど丈夫じゃないぞ)

(Halliday and Hasan (1976))

(8a) は同一名詞の反復, (8b) は上位語による言い換え, (8c) は一般名詞による言い換えの例である。

注目したいのは, (7a-d) のイタリック体の語の代わりに代名詞の he を, (8a-c) のイタリック体の語の代わりに代名詞の it を用いる選択肢もあるという事実,[3] および, (7c), (8b), (8c) のタイプの扱いである。child と thing は一般名詞であるが, tree はそうではない。したがって, Halliday and Hasan (1976) の分析によれば, 上位語を使った (8b) だけは別のタイプという

---

2. 性質・属性を表す語で, 人, もの, ことを表す名詞と一緒に, あるいはその代わりに用いられ, 指示対象に対する話し手の評価や態度を反映する語。bastard (野郎), bum (ろくでなし), bitch (あばずれ) 等の, ののしりことばも含む。

3. たとえば, (5a) では this crockery — the stuff — it と, 語彙的言い換えと代名詞が共に生じている。

ことになる。しかし，(6) のリストにある child を使った (7c)，リストに入っていない (8b)，典型的な一般名詞 thing を用いた (8c) のいずれも，上位語による言い換えの例とみなすことができ，直観的にも同じタイプと考えられる。したがって，(6) を基にした区別の仕方には説得力がない。このことから，一般名詞の文脈指示用法は，広義の語彙的言い換えの一種とするのが妥当であると考える。

英語における語彙項目の反復を避けるための手段を整理すると次のようになる。

(9) 英語で同一語彙項目を繰り返す代わりに用いられるもの
  i. 代名詞 [文法的照応]
  ii. one / ones, same, do, so, not [文法的言い換え]
  iii. 別の語彙項目 [語彙的言い換え]
    a. 一般名詞
    b. 同義語，類義語
    c. 上位語
    d. 形容辞

6. 語彙的言い換えの談話機能

(9) のように総括することによって，語彙的言い換え語のタイプは (9iiia)–(9iiid) の 4 種類に整理できる。それらに共通する談話機能としては，次の 2 種類がある。(「繰り返しを避けるため」という機能はここでの議論に関係しないため割愛する。)

(10) a. 「語彙的言い換え」は，「文法的照応」や「文法的言い

換え」等と同様に，談話の結束構造に関わる手段の一つとして機能する。

b. 「語彙的言い換え」には，言い換え語として用いる語彙の選択により，話者の認識・態度を伝える機能がある。(このタイプの意味は心情的意味 (emotional meaning) と呼ばれる。)

以上，他の文脈指示項目とともに，(10a) を中心にみてきた。以下では，(9iii) の四つのタイプを順次検証しながら，(10b) についてみていくこととする。

7. 一般名詞

上記の (6) は，Halliday and Hasan (1976) による一般名詞のリストであったが，網羅的なものではなく，下位区分の仕方にも改善の余地がある。しかし，下の Hasan (1968: 94) のリストと比べると整理の跡が見られる。

(11) thing, object, business, affair
animal, creature
person, people, man, woman, boy, girl, fellow, bloke
idiot, fool, devil
dear, darling

ここで，一般名詞の包括的リストや下位分類の問題に立ち入ることはしないが，二つのリストの間の大きな違いは，(11) にあ

る 2 種類の形容辞，すなわち，「ののしりことば」(pronominal epithet)（例: idiot, fool, devil）と「愛称」(terms of endearment)（例: dear, darling）が，(6) からは除外されている点である。このタイプは語彙内部に話者の主観的判断や態度が含まれており，意味が無色透明に近いとされる一般名詞とは性質が異なっているためと考えられる。

　一般名詞は，特に口語でひんぱんに用いられ，それ自体に特段の情報を含む語ではないため，注目されることは少ない。しかし，定冠詞とともに用いられることによって，先行文脈内にそれと共通の意味素性を含んだ他の名詞句の存在を標示し，談話のまとまりのために利用される。つまり，単独では文脈指示機能をもたないが，意味的な結びつきによって指示対象を同じくするものの存在を表示し，談話の結束性に貢献する。

　一般名詞にはもう一つ機能がある。それは，種々の態度形容詞 (attitudinal adjective) を伴って生じ，指示対象に対する話し手の判断や態度を伝えるのに貢献するというものである。次の例をみてみよう。

(12) a.　I've been to see my great-aunt. *The poor old girl*'s getting very forgetful these days.
　　　　（大叔母に会いに行ってきたが，気の毒なことに，このところもの忘れがひどくなっている）

　　 b.　Alice caught the baby with some difficulty … *The poor little thing* was snorting like a steam-engine when she caught it.
　　　　（アリスは赤ん坊をなんとか受け止めた。…かわいそうに，赤ん坊は蒸気機関のようにシューシューと鼻息を立ててい

た)

c. I just met John. *The lucky fellow* won the lottery.
(たった今ジョンに会ったが、運のいい奴で、くじに当たったそうだ)

(12) では、poor old, poor little, lucky という態度形容詞が指示対象に対する話し手の態度や受け止め方を表している。

ここで重要なのは、形容詞だけでなく、一般名詞の使用そのものにも、話し手の心的態度が現れるという点である。Hasan は、(12) のような用法は特殊であり、たとえば、(13) の例は、話し手の特定の態度を伝えてはおらず、全く中立的 (neutral) であるとしている。

(13) a. I've just read John's essay. *The whole thing* is very well thought out.
(ジョンの論文を読んだが、全体的によく推敲されている)

b. Bill seems very worried about something. I think you ought to have a talk with *the boy*.
(ビルは何か悩んでいるようだ。君は、あの子と話してみるべきだよ)

(Hasan (1968))

しかし、態度形容詞を伴わなくても、本人が意識しているかどうかは別として、一般名詞による言及を行うというだけで、話し手の心的態度は表に出る。たとえば、(13a) では前出の essay に対して thing という一般名詞で言及することによって、特別な存在としてではなく、一般的な「もの」として、その全体像にカ

ジュアルに接している態度が伝わってくる。また，(13b) では，Bill という人物に対して一般名詞 boy で言及しており，話し手にとってその人物がどのような存在なのかが示されている。

第2節の冒頭でも述べたように，英語は談話の中で同じ語彙項目の繰り返しを極端に嫌うという特徴がある。(日本語と同じように) 先行詞と同じ項目を繰り返し用いても，また，代名詞を用いても文法上問題はないが，それを避けて，別の文脈指示手段が選ばれる。この点に関し，一般名詞の存在は大きい。

これまで，一般名詞は定冠詞を伴って代名詞類 (pronominal) と同様の文脈指示機能を担うとみなされてきた。実際，上記の例文中の [the + 一般名詞] は，(5b) の叙述名詞 (the best move の部分) と (5d) の，文が言い表している内容，すなわち，命題内容 (propositional content) を指示するもの (that idea の部分) を除き，すべて代名詞類，she, he, it, there 等で言い換えることが可能である。

しかし，代名詞類が使えない (5b), (5d) のタイプも存在しているため，代名詞類による文脈指示には明らかに限界がある。それは一般名詞の存在意義の一端を示すものであるが，問題は代名詞類が使える環境で一般名詞を採用するケースである。一般名詞といえども，代名詞類ほど意味が希薄ではなく，それぞれ内容語としての意味があり，先行詞の意味内容に合わせて考えると，その選択に話し手の判断・態度が表れる。

次の例をみてみよう。

(14) Didn't everyone make it clear they expected *the minister* to resign? — They did. But it seems to

have made no impression on *the man*.
(みんなで声を上げて大臣に辞任を迫ったんじゃないのか。——そうしたが，あの男にはどこ吹く風だったようだ)

(Halliday and Hasan (1976))

(14) の対話の中では，the minister が the man で言い換えられている。当然のことながら，後半の発話者は the man の代わりに代名詞 him を用いることもでき，非母語話者ならまさにそうするところであろう。ここでの鍵は，先行詞が「肩書き」であること，および発言の内容である。すなわち，「大臣」としての資質に疑問をもっている人物に対して him を用いて言及したのでは，その肩書きをそのまま受け止めてしまうことになる。そこで話し手は the man を用い，当該人物の「人間(男)」としての属性のみを問題にしていることを明示している。

8. 同義語，類義語

同義語，類義語を用いた語彙的言い換えには，名詞の場合，同じ指示対象の別の側面をクローズアップする機能がある。たとえば，(4b) の sword と brand，(7) の boy と lad は，それぞれ，同一物や同一人に別の属性を付与したり，談話全体の雰囲気も変える役目をしている。具体的には，(4b) では brand を使うことによりその剣や場面に古風な趣きが，また，(7b) では lad が何となく牧歌的な光景をほうふつとさせている。

次に (4a) をみると，ascent と climb という同義語が使われている。両者の語義はほぼ等しいが，前者はラテン系，後者はアン

グロ・サクソン系と語彙の系統が異なっている。このような動詞派生の語の場合は,「抽象的な意味合いをもつ語と具体的なイメージを持つ語のペア」と考えることができる。言語系統を異にする同義語のペアが豊富にあるのも,英語という言語が持つ歴史の偶然から生まれた特徴であり,豊富な語彙を駆使して次々と言い換えることで,表現に厚みを増す効果をもたらす。これも,英語で語彙的言い換えが盛んな理由の一つと考えられる。

9. 上位語

上位語を用いた語彙的言い換えが多いのも英語の特徴である。上記の (2d), (7c), (8b), (12a), (12c) もこのタイプの例である。(15) に列記した左の語と右の語は,それぞれ下位語 (hyponym) — 上位語 (superordinate) の関係にある。

(15)　i.　whale ＜ animal　　　　　　(2d)
　　　ii.　boy ＜ child　　　　　　　　(7c)
　　　iii. elm ＜ tree　　　　　　　　　(8b)
　　　iv. great-aunt ＜ girl　　　　　　(12a)
　　　(v. John ＜ fellow　　　　　　　(12c))

(12c) における固有名詞 John と言い換え語 fellow との語彙関係は,厳密に言えば上位語—下位語ではない。しかし,John は fellow の一人であり,その外延 (extension)[4] に含まれている。

---

4. 一つの概念が適用できる範囲,一つの単語で指示できる存在物全体の集合。

上位語が多用されるのは，単に「大は小を兼ねる」からである。具体的な指示対象が同定（identify）されている状況下では，後続の文中でおおざっぱな言及をしても，指示が不明瞭になることはなく，言い換えによってコミュニケーションの不具合は生じない。

ここで注目されるのは，言い換え語として用いられる語彙をめぐる階層関係である。上記の (2) で animal を用いて whale を言い換える例 (2d) をみたが，同じ場面で，たとえば，Let's go and look at the creature（その生き物を見に行こう）とも言える。creature は「生物」を指す一般名詞，「動物は生物の一種」であるため，animal は creature の下位語である。したがって，creature＞animal＞whale という階層関係が認められる。

(15ii), (15iv) の boy, child, girl はどれも一般名詞である。(15ii) では，一般名詞 boy がより上位語の一般名詞 child で言い換えられている。このことから，人間指示の一般名詞に限って，その内部にも階層関係が認められる。したがって，語彙体系という観点から考えると，一般名詞を用いた言い換えも上位語による語彙的言い換えの仲間に含まれることは明らかである。

10. 形容辞

形容辞による言い換えは，語彙の選択そのものに話し手の評価や態度が直接現れる。たとえば，上記 (7d) では，木登りをしている少年を idiot で言い換えているが，この形容辞の選択そのものに，その行為が愚かなことであるという話し手の判断が表れている。次の (16) は，言い換え語の形容辞に主観的な評価の形容

詞が付随している例である。

(16) Henry's thinking of throwing up his job. Do go and talk to *the wretched fool*.
(ヘンリーは仕事を辞めたいと言っている。あのどうしようもない馬鹿者に意見をしに行ってくれ)

このタイプは，内在的に評価の意味を含む語彙が重なっており，話し手の主観が強く出ている言い換え表現である。ここで話し手は，Henry is a wretched fool という主張を行ってはいない。「ヘンリーがどうしようもない馬鹿者」であることを「前提」として話しており，聞き手はそれをまるごと受け止めざるを得ない構造である。語彙的言い換えは，話し手がさりげなく自分の見解を組み込むことができる便利な手段でもある。

11. 話し手の状態

　もう一度 (2) の例に戻ると，前出のものに言及する場合，(2Bi) のように定冠詞を付けて項目を繰り返してもよいし，(2Bii) のように代名詞を用いることもできる。定冠詞，代名詞という文法的手段が二つあるにもかかわらず，わざわざ (2Biii) のように別の語彙項目を用いる背景には，明らかに語用論的な意図がある。

　すでに見たように，(2Biii) の animal は主観的な意味合いをもった語ではなく，態度を表す形容詞も伴っていないため，話し手の態度を伝えるという機能はもたない言い換えであると考えられてきた。しかし，(2Bi) や (2Bii) ではなく，(2Biii) を選択し

たということ自体が，指示対象に対して，話し手が単なる受け身的，あるいは野次馬的興味ではなく，何らかの積極的な関心をもっていることの表れである。少なくとも，クジラが魚ではなく動物であるという事実を個人的に重視している可能性はある。発話の場にどのような人々が居合わせたかは不明だが，生物分類上の知識を披露しているのかもしれないし，もしその場に小さな子どもたちがいたとしたら，教育的発言である可能性も考えられる。このような，語彙内容の比較的乏しいとされる項目であっても，何かしら，話し手の心的態度を表明する機能があると考えられる。

ここで考察の対象としている機能は，Russell (1940: 195ff.) が哲学的枠組みの中で論じている言語使用の目的の一つ，「話者の状態を表す」(expressing the state of the speaker) という機能に含まれる。それは，言語使用の第一の目的，すなわち「事実を示す」(indicating fact) 機能と結びついてはいるが，この二つは区別されるべきものである。[5]

言語には，主観的・心情的 (emotional) な意味合いを内包した語彙項目が存在する。それには，好意的 (approving) なもの（例：愛称）もあれば軽蔑的 (pejorative) なもの（例：ののしりことば）もある。しかし，それは「話者の状態を表す」（この場合は，発話時の心的態度）という目的に寄与する言語使用の一部にすぎない。心情的意味合いに関して無色の，いわば中立的な語彙項目とみなされるものであっても，その選択自体が，広い意味で

---

5. もう一つの目的は「話者の状態を変える」というものであるが，ここには直接関わらないので，割愛する。

話者の状態を示す機能を果たすことがあるからである。本章で考察してきた語彙的言い換え現象はそのことを示す代表的なケースである。

12. 言い換え語の一般性

　ここで，語彙的言い換えに用いることのできる語彙項目のもつ「一般性」(generality) という性質について改めて考えてみよう。このことに関し，従来の考え方は二つに分かれる。一つは，漠然と「類義語」であればよいとするもので，もう一つは，言い換えは「より特定的 (specific) なもの」から「より一般的 (general) なもの」へという方向で行われるというものである。(4) のような例は，前者の見解を支持するものであろうし，一般名詞の用法は後者の考えの基盤となっている。

　(2d) のような用法で用いられる名詞には制限があり，このような状況で生じうるものは，「種」(species) を表すものに限られるのではないかとの見通しがある。しかし，語彙的言い換え現象がみられるものは生物界に属するものに限らず，広範囲でみられる（例：(4b)）。また，生物であっても「種」以外のレベルの語も使用されている（例：animal や tree は生物学上の「種」よりも大きい単位である）。

　(1) のように，特定の事物に言及するのに用いられる語彙はいろいろあるが，佐々木 (1950) の説明では，(1) の並び方で，後ろのほうへ行くにしたがってだんだんと一般的な用語となっており，そのどれもがテクストの中で，この順でそれぞれ前出のものに置き換わることができるとされている。次の例をみてみよう。

(17) *The Queen Elizabeth* is on her maiden voyage. *The merchant-ship* is nearly 100 miles from the English shore. When *the vessel* finally arrives ...

(佐々木 (1950))

(クイーン・エリザベス号は処女航海に出ている。この商船は英国の岸から約 100 マイルのところを航行中である。この大型船が最終的に ... に着く)

(17) では，the Queen Elizabeth — the merchant-ship — the vessel という言い換えがみられ，この順で具体的な名称から一般的な呼び名へと指示表現が変化している。佐々木によると，この逆の方向，つまり「一般」(general) から「特定」(specific) へという順での置き換えはまれである。

「種」説も佐々木の「特定から一般へ」説も，いわば，語彙の「一般性の度合い」(degree of generality) に関わる制限であるといえるが，どちらも制限が厳し過ぎる。たとえば，場合によっては，(2Biii) の the animal の代わりに the sea beast や the creature も用いることができるが，これらは「種」名ではなく，それよりも大きな分類単位を指す語である。また，佐々木説では，よく見られる類義語による言い換えが考慮されていない。たとえば，(4a) では「一般性」(generality) のレベルについて，先行詞と言い換え語のどちらがより特定的かを決めることが不可能である。

13. 言い換え語の条件

それでは，語彙的言い換え語となるものには何ら制限がなく，類義語であればどんなものでも生じうるかというと，もちろんそ

うではない。一般に，ある指示対象に言及する際に用いることのできる項目はいろいろあり，具体的な場面において，そのうちのどれを採用するかには，さまざまな要因が関わっている。語彙的言い換え語についても同様で，これまでみてきたようにさまざまなタイプがあるが，共通の基本的な制約として，次の四つが考えられる。

(18) a. 語彙的言い換え語は，先行詞に比べて，一般性のレベルが同じかそれより高いものでなければならない。
  b. 固有名詞や専門用語（technical term）は語彙的言い換え語になり得ない。
  c. 語彙的言い換え語は，談話内で先行詞の限定要素（defining element）（指示対象の範囲を限定する要素）を引き継いでいるため，新しい限定要素は付かない。
  d. 語彙的言い換え語には，非限定的（non-defining）な修飾語のみが付くことができる。

ここで，(18a) と (18b)，(18c) と (18d) は，それぞれ相互につながっている。(18a) と (18b) は，前節で考察した語彙の「一般性の度合い」に関わり，(18a) は基本的な制約を，(18b) はそれに付随して，固有名詞や専門用語は（一般性が低いほうの端に位置するため）資格がないことをそれぞれ述べている。（当然，一般性のレベルが一番高い端に位置するのは一般名詞である。）(18c) と (18d) は，先行詞と言い換え語との間の同一指示性（coreferentiality）を保証する制約である。すなわち，新たな限定要素を付けて指示対象自体が換わってしまっては，言い換え語

ではなくなる。そのために，言い換え語に付随するのは話し手の主観的な判断・態度を表す修飾語に限られる。

14. 言い換え語の形態と機能

語彙的言い換え語は，(18)の条件を満たす項目（その指示対象に言及するために用いることのできる語彙項目）の集合の中から，当該の言語内・言語外の文脈，および，話者の判断・態度に最もふさわしいと思われるものが選ばれる。言い換え語のタイプは，その形態・機能の面から次の三つに大別できる。

(19) a. 単純，すっきりタイプ
  i. 一般名詞あるいは「種」名（生物の場合）を用いる。
  ii. 定冠詞のみを伴う。
  iii. 先行詞が簡単なものではない（語彙としての特定性 (specificity) が高い，構造が複雑，意味内容が重い等）。
  iv. 追加される意味情報は多くない。
 b. 表現効果タイプ
  i. 同義語・類義語（複合表現，古語，方言，系統の異なる語を含む）を使用。
  ii. 定冠詞のみを伴う。
  iii. 構造の複雑さが先行詞と同程度である。
  iv. 話者の博識を披露したり，別の，あるいはより広い観点から眺めたり，表現に厚みを加えたり

c. 主観表明タイプ
　　　　　i. 先行詞と同等，あるいは，より一般的な指示を
　　　　　　もつ語（一般名詞，形容辞を含む）を用いる。
　　　　　ii. 定冠詞に加え，評価・態度を表す非限定的修飾
　　　　　　語を伴う。
　　　　　iii. 構造の複雑さは特に関係しない。
　　　　　iv. 付け加えられる意味・談話情報は多い。

(19) の区別はおおまかなものであり，それぞれをさらに下位区分できる可能性がある。また，三つのタイプのどれとも決めがたい，境界線上にあるような例もある。これまでに挙げたもののうち，(5) は (19a) タイプ，(4a), (7b), (7c), (8a), (8b) は (19b) タイプ，(8c), (12), (15) は (19c) タイプの例である。また，(13b) と (14) は，(19a) と (19c) のどちらともみることもでき，「すっきりタイプ」のようでいて，「主観表明タイプ」的な側面も有する。

　次は，(18a) の制約違反と考えられる例である。

(20) Once upon a time, when your Granny's granny was your age, *a little yellow bird* lived in a cage ... *the canary* sang ...
　　（昔々，お祖母ちゃんのお祖母ちゃんが，あなたぐらいのとき，小さな黄色い鳥がかごの中に住んでいました...そのカナリアは歌を...）　　　　　　　　　　　　　　（安武 (2007)）

ここで，bird と canary を比べると前者のほうがより一般性の高い語であるが，a little yellow bird という名詞句でひとまとまり

の先行詞と考えれば，一般性のレベルは同等に近くなる。また，構造的に先行詞のほうが置き換え語より複雑な形をしているため，(20) は，(19a) の「すっきりタイプ」の言い換えとみなすことができる。

「種」名というのは，日常的にひんぱんに使われる，いわば生活実感に即した語彙であって，「一般名詞」に次いで，一般性のレベルが高いといえる。また，指示対象の生物としてのアイデンティティーを一言で分かりやすく伝える効果がある。たとえば，「赤くて丸い形をした，甘くて少し酸味のある果物」と言うよりも，一言で「リンゴ」と言ったほうが何を指しているかすぐに伝わる。(20) では，「小さな黄色い鳥」という表現を用い，絵画的イメージによる導入の後，それは「カナリア」と種名を言うことによって，効果的なズームアップと日常感覚とのピント合わせが行われているのである。

語彙的言い換えは口語に多くみられる印象があるが，必ずしもそうとは言えない。書きことばや韻文にも現れ，特に (19c) のタイプは，修辞的な，ことばを美しく巧みに用いて効果的に表現する意図のある談話によく用いられる。また，文芸作品に限らず，口語においても，上でみたように，指示対象に対する話し手の驚嘆の気持ちや愛情の感じられる表現が多くみられる。たとえば，(4b) は (19c) のタイプであり，the sword という先行詞に対して，the great brand という言い換えがなされているが，それによって「単なる剣ではなく，神秘的な力をもった，畏怖の対象となるような偉大な剣」という意味合いを醸し出す効果が生まれている。

15. 名詞句以外の言い換え語

これまでみてきた例は，すべて名詞句であったが，語彙的言い換え現象は，他の文法範疇にもみられる。次は動詞の言い換えの例である。

(21) a. So now *run* home, peeking at your sweet image in the pitcher as you *go*.

(Hawthorne, *Twice-told Tales*)

(さあ，お家に駆けてお行きなさい。自分のかわいい姿が水瓶に映っているのを眺めながら)

b. In the seventeenth century, Leibniz *advanced* the idea of … d'Alembert *put forward* the idea of …

(17世紀に，ライプニッツは…を提唱し，ダランベールは…を提案した)

c. Then at another moment everyone laughs but one person doesn't get the joke—and feels *bereft*, suddenly *cast out of* the magic circle.

(すると次の瞬間，みんな笑い出したが，冗談が分からなかった者は，一人取り残され，魔法の圏外に突如放り出されたような思いをする)

(21c) は，過去分詞の形容詞用法ともみなすことができる例であるが，普通の形容詞にも次のイタリック体にあるような言い換えがみられる。

(22) the man performing the *generous* gesture is likely to … if his *polite* gesture …

(雅量ある行為をした男性は … することでしょう … もしも彼の礼儀にかなった行為が …)

また,「うんざりしている」という意味で, fed up と言った後で, 同じテクストの中で, gloomy や depressed と言ったり, というように類義語を用いた言い換えが行われる例は多い。

さらに, 次の例のように, 動詞 → 形容詞 → 動詞句 → 名詞句と文法範疇を変えていくタイプの言い換えも豊富にある。

(23) I *thank* the talented and insightful students … I *am extremely grateful for* … To A and B, I *express my gratitude and appreciation*. *My thanks go*, also, *to* …

(才能があり, 洞察力に富む学生さんたちに感謝します。… ことを大変ありがたく思っています。AさんとBさんに感謝と賛辞を捧げます。感謝の気持ちは, … に対しても …)

16. 「語彙的照応」

最後に, 語彙的照合 (lexical reference) 現象について簡単に触れる。次の例のイタリック体の部分に注目してみよう。

(24) a. A few *become angry at the mere suggestion that women and men are different*. And *this reaction* can come from either from women or men.
(女性と男性は違うと言われただけで, 腹を立てる人も少しいる。そういう反応は女性にも男性にもみられる)

b. My analysis emphasized *that the husband and wife*

in this example had different but equally valid styles. This point was lost in a heavily edited version of my article that appeared ...

（私の分析は，この夫婦がどちらも同じぐらいまともな，しかし互いに異なるスタイルの保持者であったことを強調したのだが，出版された論文では，過度に編集の手が加わった結果，その論点が失われている）

(24a) では動詞句が，また，(24b) では文が，それぞれ名詞句によって引き継がれて話が進んでいる。これは，「言い換え」ではなく，[this＋名詞句] の形で先行文脈の内容にまとめて言及しているタイプの照応現象で，英語に限らず，すべての言語にみられる。ここで照応を担っているのは二つの要素，すなわち，文脈指示の指示代名決定詞（demonstrative determiner）と「概念」を表示する抽象名詞（abstract noun）の組み合わせである。

　一般的にいえば，このタイプの照応現象は，（第4節でみた）文法的照応項目（例: the, this, that, etc.）と先行文脈の内容を一言で引き継ぐ抽象名詞（例: idea, point, explanation, proposition, reaction, proposal, question, etc.）が二重に作用しており，それによって，談話の結束性と首尾一貫性を保証し，さらには話の展開にメリハリをつける役目をしている。

17. おわりに

　英語には語彙的言い換え現象が豊富に存在する。その理由は，単調さを避けるため機械的に，というだけではなく，異なる語彙項目の間の含意関係を利用して，意味上の首尾一貫性を保証する

傍ら，話し手の主観的態度も加えるという効果があるからであり，それが英語の表現力の豊かさにつながっている。さまざまに異なる意味合いをもつことばを同一の指示対象に用いることにより，事態に対する話者の見方というものをさりげなく，しかも説得力のある形で示したり，味わいのある表現にしたりすることができるのである。書かれたものの場合も，詩的な表現はもちろん，一般の散文の中においても，語彙的言い換えは，叙述の平凡さ，陳腐さを避け，また，作者が自分の見解を何気なく，あたかも客観的に，あるいは登場人物の見解という形をとって表現する工夫（device）の一つとして機能している。

第 4 章

正体不問の some と any

1. はじめに

英語には，some と any という，わけのよく分からない一対の文法要素がある。代名詞と同じような用法もあれば，冠詞や形容詞に似た用法もある。おまけに呼び名もいろいろである。最近の中学校英語では，日本語に存在しないという理由から，和訳の際は訳さなくてもよいと教えているが，少なくとも 1990 年代頃までは，基本的に「いくつかの」という日本語に対応すると説明されていた。その影響が大人になっても色濃く残っており，英語話者からみると実に不可思議な英文や和訳をつくる原因となっている。[1]

従来の分析は，some は肯定文に，any は否定文，疑問文，条件文にという，否定・肯定の対立，すなわち極性（polarity）に焦点を置いた使用区分の説明が主であった。しかし実際には，some / any と文の種類との関連は二次的なものである。とりわけ any について言えば，any は否定文や疑問文の中で some に置き換えられるだけの日陰者的な文法要素ではない。

同様の文法要素をもたない日本語を母語とする者からみると，some / any は実に扱いにくい。これは，［some / any＋複数名詞］の用法と意味合いのみが強調されて教えられ，［some / any＋単数名詞］の用法や意味合いに重きをおいてこなかった伝統の産物といえる。

---

1. 成人対象の英会話教室で教えている英米人にとって大きな悩みの種の一つであり，筆者もかつて，some / any を含んだ文に接した際の日本人の奇妙な反応について解説を求められた経験がある。

本章は，some と any をめぐる教育現場の困惑に目を注ぎ，言語学の研究成果を取り入れながら，もつれた糸をときほぐそうとする試みである。

2. やっかいな文法要素

なぜ日本語話者にとって some と any が理解しがたい文法要素であるのかについて，その背景と考えられる諸要因をひととおりみておこう。

2.1. 言語のタイプとの関連

some / any は英語独特のものであるが，名詞の単数／複数を文法上区別するシステムをもつ言語には同様の要素（例：フランス語の du；オランダ語の sommige）が存在する。言語というものは，それを話す人のものの考え方と密接につながりがあると考えられるため，別のタイプの言語である日本語の話し手にとっては，some / any が用いられる論理がよく分からないのも当然のことである。

次の文をみてみよう。

(1) a. I ate *some* potatoes.
（私はジャガイモを何個か食べた）

 b. I saw *some* strange sight.
（私は何かおかしな光景をみた）

(2) a. He didn't buy *any* books.
（彼は，本は何も買わなかった）

 b. *Any* book will do.

（本なら何でもいい）

(1) と (2) にあるように，日本語の「何個か」（数に関連）と「何か」（数に無関係）がどちらも some，「何も」（全くなし）と「何でも」（どれでも OK）がどちらも any と，それぞれ違う意味の日本語が同じ英語で表現されている。日本語の「何個か」「何か」「何も」「何でも」は，漢字をみれば分かるとおり，同じ不定代名詞「何」から派生したもので元々の語源は一つである。しかしながら，言語学者でない限り，「何個か」と「何か」，「何も」と「何でも」を別々の語彙として受け止めるのがふつうであり，両者を同じ語彙で表す仕組み自体が受け入れがたい。

2.2. 部分詞，複数冠詞，決定詞

　ヨーロッパの言語の多くには，「部分詞」(partitive) という冠詞がある。部分詞は，単数名詞に付く「不定冠詞」と並行的に，複数名詞と共起して不定の数量であることを示す文法要素で，名称からも分かるように，部分集合を示すという明解な機能をもっている。

　ところが，英語にはそれに対応する（複数名詞専用の）不定標示要素がない。だから，複数名詞には冠詞を付けなくてもよい，というのなら話が簡単なのだが，実は some という「不定決定詞」があり，しかも使われたり使われなかったり，生起条件がはっきりしない。

　さらに，any という不定決定詞もあり，これが some に輪をかけてよく分からない。「何でもよいから」というのがその意味らしいが，否定極性 (negative polarity) をもち，（指示対象の）

存在が前提とされていない場面に登場するらしい。

2.3. 問題点

それでは、上で述べたものを含め、some / any がなぜそれほどまでにややこしいのか、ここでひとまず整理してみよう。

(3) some / any がむずかしい理由
   i. 日本語には、対応する文法上の項目がない。
   ii. some と any という二つの語があり、極性が複雑に絡んでいる。
   iii. 発音に関して、強形 [sʌm, éni] と弱形 [sm, əni] があり、それぞれ用法が異なる。
   iv. 決定詞（多くの辞書では形容詞）、代名詞、副詞という複数の用法がある。
   v. some には部分詞としての機能がある。
   vi. 存在数量詞 (existential quantifier) ／全称数量詞 (universal quantifier)[2] と分析されることがある。
   vii. 「数量の不定」と「アイデンティティの不定」という2種類の不定を表す。
   viii. （周辺的な用法だが）some は指示対象に対する話し手の肯定的（あるいは否定的）な評価・態度を表すことがある。[3]

---

2. 論理学の用語。第6節を参照。
3. たとえば、I call this *some* poem!（これこそ詩というに足るものだ）［肯定的評価］と、She refuses to spend the rest of her life in *some* moldy office.（彼女は、残りの人生をカビ臭い事務所の中で過ごすのなんてごめんだと思っている）［否定的評価］。

これらの個々の具体例については，次節以降，順次考察する。

3. some と any の関係

some と any の関係については，現在，以下のような説が存在する。

3.1. 影武者説

辞書，参考書，伝統的な教科書では，some / any の用法に関連して「一般的に，肯定平叙文には some を，否定文，疑問文，条件文には any を用いる」という記述をよくみかける。あくまで some が基本で，any は一定条件下でのみ使われるような説明であり，安武 (1989b) で指摘したように，まるで any が some の影武者であるかのような扱いである。

3.2. 覆面決定詞説

実際に両者の出現状況を調べると，次の例のように，同じ文章の中に some と any のどちらも出現する可能性がある。もちろん両者は使い分けられており，当然，意味も異なる。

(4) a. They kept me from expressing *any* opinions I held.
   (彼らは私に意見を言う機会を全く与えなかった)

   b. They kept me from expressing *some* opinions I held.
   (彼らは私にいくつかの意見を言う機会を与えなかった)

(4a) は,「私」が何も意見を言えなかった状況を表している。(4b) では言いたいと思っていたある種の意見は言えなかったものの, 他の意見は言えたという可能性がある。この二文の意味の違いが some と any の違いに由来することは明らかである。

同様に, 次の二文の間にも大きな意味の違いがある。

(5) a. *Any* student can solve the problem.
    (どの学生でもこの問題は解ける)
  b. *Some* students can solve the problem.
    (この問題を解ける学生が複数存在する)

(5a) では問題が易しいということを, (5b) では問題は難しいが, 全く歯が立たないほどではないということを述べている。

このように, some と any には明確な意味用法の違いが存在している。その一方, 両者には「具体的, 特定的なものや数量を指示しない」という共通点もある。そこで, 影武者説の代わりに some と any の覆面決定詞説というのはどうであろうか。「類」を標示するだけで, 該当者・事物の身元は問わず, 素性不明のままでその存在を云々するときに登場するからである。

3.3. 素性不明

some は覆面をしている。属している類は分かるがそれ以上の素性は不明ということになる。英語では, トイレ使用中にノックされたとき Someone is in. (入っています) と答える。「先客あり」と告げているのであるが, それが誰であるかはどうでもよいことなので, わざわざ言う必要がない。

some が, 決定詞または代名詞として用いられ,「いくつか

(の), いくらか(の)」という意味合いをもつ場合, 具体的な数量はどれくらいか, ということがしばしば問題になるが, some がもっている数量に関する意味は「確かに存在しているが, その数量は多くはない」というぐらいのところである。言い換えれば, 数量に注目する必要がない文脈で使用されるということである。

3.4. 任意の x

any の基本的意味は［任意の x］であり, 事象（行為あるいは状態）の反復可能性を表す文, または確定していない事柄について述べた文にのみ現れる。

(6) a. *Bob took *any* chair.
    b. *Any* student wrote the paper.

これらの文が非文なのは, 過去の事実を述べる過去時制と, any の表す「非確定性」とが矛盾するためである。

次の文は, 二とおりの解釈が可能である。

(7) Jack can't do *anything*.
    i. ジャックは何もできない。
    ii. ジャックは何でもできるわけではない。

(7i) の解釈ではジャックは「無能な人」, (7ii) の解釈ではジャックは「それなりに有能な人」である。意味論的に言えば, (7a) では anything が not の影響下にあるが, (7b) では, anything が not の影響の外にあると説明される。

3.5. 「分配的解釈」と「唯一的解釈」

次の some の用例は，意味論でよく話題に上るもので，二つの解釈が可能である。

(8) *Every* girl is fond of *some* boy.
　　i. どの少女もそれぞれ好きな少年が一人ずついる。
　　ii. どの少女にも好かれている少年が一人いる。

この文は，受け取り方によってかなり異なった二つの情景を表していることになる。(8i) は，いわば分配的解釈を示し，平和な人間関係が保たれた状況が目に浮かぶ。一方，(8ii) は唯一的解釈で，一人の少年に少女たちの関心が集中するモテ度格差社会を連想させる。

4. 学習者の困惑

成人の日本語話者の多くは，伝統的な英語学習の影響で，some と any は「いくつか，何(幾)人か，いくらか」に対応すると思っている。そのため，次のような英文を和訳するとき，機械的にこれらを適用して解釈する傾向が強い。

(9) a. I have *some* books.
　　　（僕は何冊か本をもっている）
　 b. There is *some* water in the bowl.
　　　（ボウルの中に水が入っている）
　 c. John is dating *some* woman.
　　　（ジョンは誰か女の人とデートしている）
　 d. Will you have *some* breakfast?

  （朝食を召し上がりますか）

- e. Do you have *any* brothers?
   （ご兄弟はいますか）
- f. I don't have *any* money.
   （お金が全然ありません）
- g. He didn't buy *any* books.　(= (2a))
   （彼は, 本は何も買わなかった）
- h. *Any* book will do.　(= (2b))
   （本なら何でもいい）

上記の各文すべてについて, 機械的に「いくつか, 何(幾)人か, いくらか」等を用いて訳すと, 多かれ少なかれぎこちない日本語になる。(9a) を除き, 近年の英語教育で実践しているように, some / any を訳さない（無視する, ゼロ形にする）ほうが日本語らしい文である。

 最近までこうしたおかしな慣行がまかり通っていたのは, 英語教育の現場における取り組みが some / any の意味機能の本質的理解に基づく教授法開発の段階にまで到達していなかったためと考えられる。

 実際に, 教科書, 辞書, 参考書の類いをみてみると, 学習者にとって混乱や誤解の元となるような説明に行き当たる。不幸な間違いの原因として, 次の六つの要因が考えられる。

- (10) a. some / any 交替規則の盲信
   - b. 書き換え規則の強調
   - c. 導入順序
   - d. 統語範疇（品詞）の不明瞭

e.　逐語訳への固執
f.　その他の絡み合った要因（強勢，可算性，文法上の数，文のタイプ）

　(10a) の「some / any 交替規則」は 1960 年代に生成文法で用いられた学術用語であるが，その内容については，辞書の定義・説明に何らかの形で記載されており，教育現場では some / any の導入に際し必ず言及される。この規則によれば，any は否定文，疑問文，条件文における some の対応語となる。実際に多くの人が困惑するのは，(9d)，(9h) に類する文に遭遇したときである。意識の高い，注意深い学習者であれば，後に高校で習った「話し手の認識様態によって some / any 交替規則は施行停止されることがある」という趣旨の断り書きを思い出すかもしれないが，多くの人にとって，これらは特殊な例であり，基本として覚えた交替規則自体を疑問に思うことはない。

　(10b) の書き換え練習の多用も問題である。学習の初期段階において，肯定文を疑問文や否定文に換えたり，その逆を行ったりというドリルを繰り返せば，学習者は意味を考えずに機械的に答える癖がつき，状況に応じて柔軟に対応することができなくなる。

　(10c) は，異なる用法の導入順序に関わる問題点である。英語専攻の学生を含め，(9c)，(9d)，(9h) を受け入れがたいと考える大学生がいる。多くが some / any は単数可算名詞と一緒には使えないと誤解しているためである。これは学習の初期段階で，一つの用法，すなわち，複数可算名詞に伴って「いくつかの」を表す用法しか教わらなかったためである。物質名詞や抽象名詞とと

もに用い「いくらかの，ある程度の」を表す用法を教わるのはしばらく後になる。また，単数可算名詞と一緒に生じて「特定しない，あるいは，できない (not specified or known) 何か，誰か，どこか」という，もう一つの主要な用法を習うのは，さらにずっと後のことである。[4]

　このような，一つの用法のみを学習の初期段階で教えるのは，教えやすさ優先のためと考えられるが，学問的には根拠がない。自然な発話や文章における some / any の用法を調べると，ジャンルにより差はあるものの，一人称の語り（日常口語スタイルを代表するもの）における二つの用法（複数名詞と生じているものと単数名詞と生じているもの）の頻度はほぼ同じである (something, anyone, someday のような複合語は，単数を表す用法に限られるため除外)。頻度を考慮すると，初期学習の段階で，単数用法を二次的なものと扱ったり，後回しにするやり方は正当性を欠いている。

　(10d) の some / any の文法範疇［品詞］が複数あることも，混乱の原因の一つである。中学生が最初に学ぶ用法は名詞の前に用いられるタイプであり，これらは，一般的な英和辞典や伝統的な文法書では「形容詞」とされている。しかし，参考書などでは some / any を本来的に「代名詞」とするものもある。たとえば，宮川(他) (1988) では，some / any は代名詞の項で扱われ，大塚

---

　4. 単数可算名詞を伴う用法への言及はないが，複合語 someday, something, someone など「特定されない，未知の，一つの存在」を示す用例は，中学教科書にある。これらを通して，言語的感性のある生徒が some のもう一つの意味に思い至ることは考えられる。

第4章　正体不問の some と any　　101

(監修) (1970: 530-531) では，不定代名詞に含め，その中で代名詞用法，形容詞用法等とに分けて説明している。[5] *Oxford Advanced Learner's Dictionary* (OALD), 6th edition (2000) では，some / any の文法範疇として決定詞，代名詞，副詞が列記されている。

和訳に際して some / any は無視するのが普通と教えられた学習者であっても，それはあくまで和訳を自然な日本語にするためのテクニックとしてであり，教わった訳語自体はインプットされているため，文章中で遭遇すると自動的に頭の中で「いくつかの」と反応してしまう人が多い。文章全体の意味や出来上がった日本語の不自然さを考えずに逐語訳する伝統の根強さを物語っている。[6]

(10f) は，some / any の諸用法と，文タイプ，可算性，文法上の数，ストレス・アクセントなどの複数要因の絡みの問題である。そもそも用法がいろいろあるというだけで学習者には負担である。多くの学習者は，名詞の可算・不可算の区別と強勢のない some / any の用法をめぐる交替規則に時間を費やした後で，(9c), (9d), (9g), (9h) のような some / any に強勢がある文に出会うことになる。その時点ではじめて，「some / any にはスト

---

5. 大塚・中島 (監修) (1982: 571) によれば，「不定代名詞」は「人称・指示・関係・疑問代名詞以外の代名詞のやや便宜的な総称」である。

6. 実際には，中学生の悩みはもっと大きいかもしれない。聞くところによると，How many ~? というべきところで，Any ~? と言った中学生がいるという。これは，日本語の直訳を頼りにしている限り，あり得ることである。なぜならば「いくつか(の)」(any) と「いくつ」という日本語は形態上のつながりがあるからである。このような悲劇的効果は，文全体の意味を考慮しない限り起こることであり，直訳に頼る外国語教育の生む弊害である。

レス・アクセントのあるものとないものがあり，強勢のあるものは単数名詞・不可算名詞と，ないものは複数名詞と共に使われる」ことを知り，習得した some / any の交替規則が役に立たないケースの存在に気づくのである。

5. 辞書の記述

OALD 第 3 版 (1974) の some の項には，以下のような，音形および強勢の付与に関する記述をはじめとして，必要な情報が最小限のスペースに詰め込まれている。

(11) /sʌm/ weak form /sm/ used only in the adjectival sense consisting of an undefined amount or number of

(/sʌm/，弱形は /sm/ で，不定の量または数という形容詞的意味でのみ用いられる)

語義に関しては，形容詞用法として記されているものだけを以下に挙げる。

(12) 1. （肯定文で用いられる。疑問や否定が含意されている疑問文，否定文，条件文では通例 any に取って代わられる。) some / any は質量名詞とともに用いられると，分かっていない，あるいは知られていない「量」を指し，抽象名詞と用いられると「程度」を，複数名詞と用いられると「3 以上の数」を示す。some / any は不定冠詞 a(n)，数詞 one，不定代名

詞 one の複数形である。[7]

(中略)

5. (常に /sʌm/) 単数普通名詞の前に用いられ、その人、場所、ものなどが知られていないことを示す、あるいは、話し手が知らせたくないと思っているときに用いられる。

上記は、非母語話者向けの略式の記述である。日本における英語教育の文法説明は、ほぼこの線にそって行われてきたと考えられる。

6. 伝統的アプローチと範疇の問題

　some / any の文法研究の上の扱いは立場による違いが大きい。以下に、用いられている範疇名ごとにグループ分けしてみることにする。[8]

　辞書や教科書では、伝統的な品詞分類にそって説明されており、語の分類は文構造上の位置で決まっている。たとえば、名詞の前にある some / any は形容詞、名詞の位置を占めている some / any は代名詞である。この分類方法の問題点は、異種のものを一つの類にまとめたり、別々の位置に生じるものの共通点を無視していることである。さらに、名詞の前に生じる some / any を形容詞とみなすことは、一般的な形容詞との違いをないが

---

　7. 形容詞用法の説明の中で不定代名詞 one に言及するのは、読者を混乱させる記載であり、明らかな不備である。
　8. 副詞用法については、派生的なものと考え、考察対象外とする。

しろにし，一方で，冠詞の a(n) との類似性を無視することになる。

Jespersen (1933: §16.1) では，some / any は代名詞として扱われている。すなわち，some / any は不定冠詞，疑問代名詞などと同様に「不定を示す代名詞」であり，次の特徴をもつとされている。

(13) some は，未知の，あるいは特定化されていない量を示す代名詞である。
(14) any は無関心の代名詞 (pronoun of indifference) である。

ちなみに，定冠詞は，人称代名詞，指示代名詞などとともに，「定を示す代名詞」に分類されている。[9] 現在，Jespersen の分類を支持する者は少ないが，some / any と不定冠詞との類似点に注目した点は評価に値する。

この点に注目したもう一人が Palmer (1939: §116ff.) である。Palmer は，some / any は a few, a little などの「量詞」(quantitative) や数詞と似た面もあるが，他の点では不定冠詞に似ていると考えた。そして，両者の中間的なものと位置づけて，some / any を「部分冠詞」(partitive article) と呼んでいる。

Kingdon (1969: 75-76) は Palmer (1939) を改訂し，生成理

---

9. Jespersen は別のところで，次の引用のとおり，このような分類に疑問を呈している (Jespersen (1924: 85))。
 … to establish a separate "part of speech" for two "articles" as is done in some grammars, is irrational. (…いくつかの文法書が行っているような，二つの「冠詞」に別の「品詞」を認めるやり方は不合理である)

論を取り入れて，some / any を人称代名詞，指示代名詞，冠詞，数詞などとともに「決定詞」の仲間とした。Kingdon は，some に「肯定部分詞」(affirmative partitive)，any に「不定部分詞」(indefinite partitive) という名称を与え，意味内容に踏み込んだ分析も行っている。斉藤 (1936) は，品詞分類に際し，some / any に「不定代名詞的形容詞」(indefinite pronominal adjective) という名称を与えている。出所は不明であるが，some / any のすべての主要な機能に対し統一的扱いを与えようという姿勢の表れとして評価できる。

　斉藤 (1936) に近いのが，Declerck (1991: 21-22) である。彼は a, an, some, any をその他多くのものと一緒に「決定詞」(determiner) の類に含め，統一的に扱っている。その上で，some / any に対して「不定代名詞的決定詞」(indefinite pronominal determiner)[10] という名称を与えている。Declerck によると，名詞句内で名詞の前に位置する構成素には7種類あり，その並び順は決まっている。たとえば，nearly all these five old silk man's shirts (これら5枚の男物の絹の古いシャツのほとんどすべて) という名詞句の構造を考えてみよう。

(15) (i)nearly (ii)all (iii)these (iv)five (v)old (vi)silk (vii)man's shirts

ここで，(i) は「焦点副詞」(focusing adverb)，(ii) は「決定詞前要素」(predeterminer)，(iii) は「決定詞」(determiner) の位

---

10. 「不定代名詞的決定詞」とは耳慣れない術語であるが，不定代名詞としても決定詞としても（ときには副詞としても）用いられる文法要素である。

置であり，(iii) の位置を占めるものが一番多い。(iv) は「決定詞後要素」(postdeterminer)，(v) は「修飾形容詞」(modifying adjective)，(vi) は「名詞前修飾語として機能する名詞」(nouns functioning as premodifier)，(vii) は「種別属格（種別形容詞）」(classifying genitive [adjective]) の位置である。当然のことながら，これらすべての要素がそろった名詞句はめったになく，名詞が単独で現れるか，あるいは一つか二つの名詞前構成素を伴う場合がほとんどである。

some / any が「決定詞」の位置 (iii) を占める場合，(i), (ii), (iv) には何も入らない（「空」になる）。

(16) a. *Half *some* money was lost.
　　 b. *I want twice *any* amount.
　　 c. *I like *some* two dishes.

生成文法では，some / any は「数量詞」(quantifier) とされているが，その源は Jespersen (1924: 85) と考えられる。Jespersen では「数量詞」（「数量形容詞」(quantifying adjective) ともいう）は，「性状詞」(qualifier)（性状形容詞 (qualifying adjective) ともいう）に対するものと定義されている。現在使われている「数量詞」という用語は，元々は，論理学において演算子のスコープ（作用域）に感応する「量化詞」（と訳されるもの）に由来し，通常，some は「存在数量詞」，any は「パートタイムの全称数量詞」(part-time universal quantifier) と呼ばれている。興味深いのは，some が a(n) と同列の「存在数量詞」とされている点である。（論理要素としての some / any の扱いについては第 8 節で再考する。）

7. 語義の扱いと some / any 交替規則

語彙の面からも，英語学習者に some / any が理解しにくい理由が二つある。一つは，第 2 節で見たように，some / any について，日本の伝統的な英語教育では，「ある，不定の，特定されない数，量，程度」(a certain indefinite [unspecified] number, quantity, degree) の意味が極端に強調され，「特定されない，あるいは未知の，何か」(a certain one, not specified or known) という意味については，詳しく取り扱われていないためである。しかし，この二つの意味は，本質的に別物ではないと考えるべきである。(この点については第 10 節で再考する。)

もう一つの理由は，辞書における記述の順序である。第 5 節でみたように，OALD (1974) では，some の定義の最初に載っているのが「(質量名詞または複数可算名詞と用い) 不定の量，不定の数」を表す，というものであり，その記述に先立つ説明書きに some / any 交替規則が含まれている。一方の「(単数可算名詞と用いて) 分かっていないあるいは正体不明の人，場所，もの，とき」を表すという意味は 5 番目にようやく出ている。

POD (*Pocket Oxford Dictionary*) の記述は以下のとおりである：

(17) POD (1961)

some: An unspecified amount or number of, an unknown or unnamed (person or thing), an appreciable or considerable amount of, any that may be chosen or available, conjecturally or approximately the specified number or amount (不特定の量あるいは数の, 未知のあるいは明示されない, かなりのあるいは相当の数量の, 自由に選んだ, あるいは入手可能な, 確定的でない, だいたいの数量)

any: (With Neg. Interrog. If, &c.[11]) one, some: one or some taken at random, whichever you will, every) ((否定文, 疑問文, 条件文で) 一つあるいはいくつかの, 自由に選んだ一つあるいはいくつかの, どれでも, すべての)

この小型辞書には, some / any 交替規則への言及がない。また, 単数可算名詞と共に用いられる場合と複数可算名詞・質量名詞と共に用いられる場合を別々に記載していない。some の説明に any が, any の説明に some がそれぞれ使われている事実は特に興味深い。コンパクトにまとめる必要があったとはいえ, まさに堂々巡り (circular argument) 的な定義ということになるが, 初版の出版が 1924 年であり, 当時の語彙分析研究としてはこれが限界だったとも考えられる。[12]

WNWD (*Webster's New World Dictionary of the American Language*) (1986) では記載順が逆になっている。この大型辞書は代名詞用法と形容詞用法を区別している。以下, いわゆる形容詞用法の関連部分のみを引用する。

---

11. etc. (その他) の異形。
12. POD 第 6 版 (1978) では, 記述が少し増え, some の定義から any が除かれる一方, any の定義には依然として some が用いられている。また, some の定義は品詞分けされているが, any にはそれが見られない。any はまさに日陰者扱いである。

(18) WNWD (1986)

some: 1. being a certain one, not specified or known (特定されない，もしくは未知の，何か)

(中略)

3. being of a certain unspecified (but often considerable) number, quantity, degree, etc. (特定されない（しばしばかなりの）数，量，程度の)

any: 1. one (no matter which) of more than two (三つ以上のうちのどれでもよい，一つの)

2. some (no matter how much, how many, or what kin (いくらか（どのぐらいでもよい量または数，どれでもよい種類）の)

3. even one; the least amount or number of (一つでも；最低量あるいは最少数の)

4. every (すべての)

英和辞典の記述もいろいろである。some の「形容詞用法」だけをみると，『研究社大英和辞典』（第6版）(2002)は，some／any いずれも複数可算名詞／質量名詞を伴う弱形の用法（「いくらかの」「多少の」「少しの」）を第一に掲げ，単数可算名詞を伴う強形の用法（「何かの」「誰かの」「どこかの」）は，第三の用法の一部として扱っているに過ぎない。『小学館プログレッシブ英和中辞典』（第4版）(2003)では，複数可算名詞／質量名詞を伴う弱形の用法が第一，複数可算名詞／質量名詞を伴う強形の用法「人［物］によると…（もある），なかには…もある」が第二，単数可算名詞を伴う強形の用法は，第三番目の用法として記載されている。『講談社英和中辞典』(1994)では(1)複数可算名詞・質

量名詞を伴う弱形の用法；(2) 単数可算名詞を伴う強形の用法（「(不明・不特定) ある」「何かの」「誰かの」「どこかの」）；(3)（通例，強形）「人［物］によると … (もある)，なかには … もある」，の順である。

以上，すべての辞書を調べたわけではないが，英英辞典でも英和辞典でも，some / any に関する扱いがさまざまであることが分かる。

8. 生成文法による説明

第5節でみたように，生成文法では some / any を数量詞として扱っている。[13] 関連して，ここでは簡単に，述語論理学における取り組みを紹介する。

次の対をみてみよう。

(19) a. *Anybody* can win.
   (誰でも勝てる)
   b. *Everybody* can win.
   (みんなが勝てる)

多くの注目を集めてきた例であるが，両者の違いを日本語で説明するのはむずかしい。しかし，論理式では次のように明解な記述が可能である。(∀は「すべて」(all) を表す論理記号)

(20) a. ∀x: person (can (x win))

---

13. たとえば，大塚・中島 (1982: 990) を参照。

(x が人ならば,「x が勝てること」が,すべての x について成り立つ)

b. can ($\forall$x: person (x win))
(x が人ならば,「すべての x が勝つこと」が可能である)

3.4 節でみた次のタイプの文に見られる多義性も,意味論の立場からしばしば議論の対象になってきた。

(21) Jack can't do *anything*. (= (7))

二つの意味は,論理式を用いて以下のように記述し分けることが可能である。($\sim$は「否定」,∃は「存在」(existence)を表す論理記号)

(22) a. $\sim \exists$x [can (Jack do x)]
(ジャックにできる x が存在しない
= ジャックは何もできない)

b. $\exists$x$\sim$ [can (Jack do x)]
(ジャックにできない x が存在する
= ジャックは何でもできるわけではない)

数量詞のスコープの違いに基づいた論理的分析により (23) の多義性についても明示的に説明することができる。

(23) *Every* girl is fond of some boy. (= (8))

a. every＞some
どの女の子にもそれぞれ好きな男の子がいる。

b. some＞every
女の子全員に好かれている男の子がいる。

(23a) では,every は some よりも広いスコープをもつ。(23b) では,その逆になる。

このような論理的説明は,理論言語学の主流を成す研究成果につながっているものの,外国語学習者が容易にアクセスできるものではない。また,some / any を数量詞の類に含めることを疑問視する言語学者もいる。たとえば,Carden (1973) などは some / any 交替規則の有効性を疑問視した結果,some / any を英語の数量詞から除外している。

9. some / any の素性

前節で概観した理論言語学のアプローチと非母語話者向けの文法教育の間の溝は意外に深い。本節では,両者をつなぐ手がかりとして,some / any の素性 (feature) について考える。

理論的研究の流れの中では,some / any の意味内容について顧みられることはあまりなかった。Klima (1964a) は,変形文法の枠組みの中で some / any を「決定詞」として扱い,some / any 交替規則については,不特定構成素 (indeterminate constituent) を不定構成素 (indefinite constituent) に変える変形規則として定式化した。たとえば,次の二つの文はこの規則によって関連づけられている。

(24) John has *some* money. → John doesn't have *any* money.

現在ではこのような分析は受け入れられていない。Klima の研究で興味を引くのは,次のような some と any の素性記述である。

(25)　some: [−determinate]
　　　any: 　[−definite]

残念ながら，これらの素性について，説明，定義などは何ら与えられていないが，Klima が，当時の多くの研究者とは異なり，some と any の語彙意味上の違いに注目したことは評価に値する。

第5節でみたように，Jespersen も，some / any の意味面に言及している数少ない研究者の一人である。その指摘内容を要約して表示すると (26) になる。

(26)　some: [−known] or [−specified]
　　　any:　 [＋indifferent]

Kingdon の some / any の定義には，次のような語彙意味素性が含まれている。

(27)　some: [＋affirmative] [＋partitive]
　　　any:　 [−definite] [＋partitive]

上記の三人の学者の分析にはいくつかの共通点と相違点がある。第9節で詳述するが，いずれも，some / any の本質的意味の表面をすくい取っているとみなすことができる。

some / any をめぐる諸問題について，最も注目すべきは，Bolinger (1977) の分析である。Bolinger は，some / any 交替規則の誤謬は，語彙に属する問題を統語的に処理しようとしたところに発すると考えた。そして，some / any の出現条件は語彙レベルのものであり，否定や疑問といった統語上の要因との係わ

りは本質的でなく，付帯的なものであるとした。Bolinger によれば，語彙システムと統語システムの相関は，単なる意味上の適合性の問題ということになる。要するに，some も any もその内在的意味の中に肯定も否定も含んではいないのである。

some と any には，ストレス・アクセントのあるものとないものとがあるが，この点をめぐる Bolinger の説明も分かりやすい。すなわち any に置かれる強勢は特別なものでなく，他の単語に置かれる普通の強勢と同じものであり，その意味に焦点を当てる。any に強勢が置かれる環境では，some の場合にも同じく強勢が置かれ，いずれも通常の話しことばのメロディーの上にかぶさる形で強勢が加わるだけであり，some / any の本来的意味に変化はない。

Bolinger の定義は以下のようにまとめることができる。

(28) [sm] は複数名詞・質量名詞に用いられる不定冠詞であり，単数可算名詞を伴った [sʌm] は強調の不定冠詞である。

(29) some は「特称性」(particularity) を示し，普通，「存在を想定された何か」を示す。

(30) any の意味は「反特定性」(counter-specification) である。

ここで用いられている「特称性」や「反特定性」という概念は，定義こそ与えられていないが，Bolinger の洞察の鋭さを示すものである。

この分析に基づき，Bolinger は，辞書や文法書では別々の箇所に記述が分散してしまう some / any の用法をまとめ，次の表

のとおり体系化した。(ほかにも a little, no, both, either などの分析も一緒に行われているが，ここでは some と any と no だけに焦点を当てる。)

(31) Bolinger の表

一体的 (UNITARY)			分配的 (DISTRIBUTIVE)	否定的 (NEGATIVE)	
非強調的付加詞 (Unemphatic adjunct)	強調的付加詞 (Emphatic adjunct)	非付加詞 (Non-adjunct)		付加詞 (Adjunct)	非付加詞 (Non-adjunct)
a, an, sm	sʌm	one	any	no	none
sm	sʌm	sʌm	any	no	none

(3段目の枠内上段の項目は単数／不可算用法，下段は複数用法に対応)

ただし，Bolinger の主張のうち，次の諸点については改良の余地がある。

(32) i. unitary, distributive の説明がない。
　　 ii. 可算・質量，単数・複数の表示がない。
　　 iii. adjunct という用語は，ほかにもさまざまな使い方があり，変更を要する。

(32) の問題は残るが，Bolinger の分析，および，表 (31) は基本的に支持できる。

10. 不特定性

これまで行われた4種類の分析と POD や WNWD が記してい

る意味上の特徴をまとめて列挙すると次のとおりである。

(33) some: unknown (不明の), not given (知らされていない), a certain (ある一つの), unspecified (特定されていない), undefined (決められていない), indefinite (不定の), affirmative (肯定的), indeterminate (不決定の), particular (特定的な), unitary (唯一の)

any: indefinite (不定の), indifferent (関心がない), counter-specification (反特定的な), distributive (広く行きわたった)

これを見ると, some と any の共通素性は「不定性」(indefiniteness) である。しかし, Jespersen (1933) も指摘するように, 不定性は, 不定冠詞なども含む, より高次の素性である。さらに,「不定であること」(being indefinite) は, 時として「限定されていないこと」(being unlimited) を意味するため, 不適合となるケースも生まれてくる。たとえば, *some* books, *any* rain などのように複数名詞や質量名詞と共起する場合,「無限の数の本」や「無限に多い雨」を意味していないことは明らかである。

any と some の意味に共通する素性を改めて一言で表現するとすれば,「不特定性」(indeterminacy) である。この用語は Klima (1964a: 319) からの借用であるが, 彼自身は定義を与えていない。Klima は indeterminacy を some だけの素性としているが, ここでは some と any に共通の素性であり,「非特定性」(nonspecificity) と「不明」(lack of knowledge) の二つの意味を包括する概念であると捉える。

「不特定性」という用語は，一般になじみがない上に，「不定性」(indefiniteness) とネーミングが紛らわしいが，両者は全く別のものである。まず，「不定性」は「指示対象のアイデンティティ」に関する概念であり，一方，「不特定性」は「指示対象の数量，程度，あるいはアイデンティティ」に関する概念である。

さらに，「定／不定」は，英文法で必須の表示項目であるが，不特定性はそうではない。たとえば，「花瓶に花が生けてある」に対応する英語は，There are flowers in the vase. でも There are some flowers in the vase. でもどちらでもよい。また，「牛乳を買いましたか」の英訳は，Did you buy milk?, Did you buy some milk?, Did you buy any milk? のどれでもありうる。このように，同じ日本文に複数の英文が対応するのは，事態に対する話し手の把握の仕方，聞き手に対する伝達姿勢などが反映されているためである。不定名詞句に some / any をつけるかどうかは，話し手の判断次第である。［±不特定性］(± indeterminate) は，こうした話し手の認識様態的態度 (epistemic attitude) から派生する語用論的素性 (pragmatic feature) である。

some / any の用例の数はジャンルにより大きく異なっており，ジャーナリスティックな報告文や説明文 (expository writing) には比較的少なく，語り文や会話文にはよく現れる。これは，「不特定性」という素性が話者志向 (speaker-oriented) であることを考えれば不思議なことではない。これに対し，文法上必須の要素に係わる（項 (argument) の位置に生じる），一般的な定名詞句，不定名詞句の用例については，当然ながらジャンルの偏りはみられない。

ここで，some と any の弁別素性 (distinctive feature) は，

「断定性」(assertiveness) であり，some は [＋assertive]，any は [－assertive] という素性をもっていると仮定し，その上で，次の Bolinger (1977: 34) からの引用文を比べてみよう。(「#」は文法的には正しいが，文脈上，不適格な文であることを示す記号)

(34) a.　You know *something*? ― Joe got married.
　　　　 (あのね ― ジョーが結婚したんだよ)
　　 b.　You know *anything*? ― #Joe got married.
(35) a.　What's the big hurry? ― Are you going *somewhere*?
　　　　 (そんなに急いでどうしたの ― どこかへ行くの)
　　 b.　What's the big hurry? ― #Are you going *anywhere*?

(34) のような，話し手が突然，新しい情報を持ち出すような状況では，そのような情報の存在をアピールする必要があるため something を用いる。anything を使った (34b) は，自ら言い出したことの前提を取り消す形になってしまい，ナンセンスである。(35) では，聞き手の様子から話し手が何かを推察している状況であるため，somewhere が用いられる。(35b) は前半の推察が後半に受け継がれておらず，筋の通らない発言である。

「断定性」は，独立した動機づけ (motivation) をもった素性である。たとえば，Hooper (1975) は，時制文を補文にとる述語のタイプ (例: suppose, argue, deny, realize, regret, etc.) にみられる一連の統語上の違いを説明するのに，[±assertive] (断定的) という概念を用いている。

以上の考察から，some と any の類似点と相違点が明確に

なった。一般的な辞書で異なる用法として列挙されているものは，some と any の意味の総体と中心語名詞 (head noun)[14] の統語素性に由来する違いである。英和辞典のような，タイプの異なる二言語を扱った辞書において，語の意味という形でいくつかを別々に記載する方策は，両言語における微妙な意味のずれに何とか対応しようとする努力の産物である。その際，異なる意味記述を，元の単語の多義性を映したものとみなすのは誤りである。

「不特定性」，「断定性」は，語用論的要素でありながら，統語的には決定詞の素性であり，同時に名詞句全体の特性でもある。これは，決定詞の特性が名詞句の特性であるという，Stowell (1981) 等による DP 分析，すなわち，「名詞句」の中心語は名詞ではなく決定詞であり，正確には「決定詞句」というのが正しい，という主張と合致している。

11. おわりに

some と any には，文法の網に引っかかりにくいさまざまな要因が関与しているが，交替規則，強勢，極性，可算性，数量詞分析やそれらの組み合わせによる説明の試みはどれも成功していない。本章の考察から，これらの項目が基本的に語用論に属し，指示対象（存在物）に対する話し手の認識様態的態度やコミュニケーションの姿勢に由来するものであることが明らかになった。

第 10 節でみたように，「花瓶に花が生けてある」という日本文

---

14. 名詞句の中心。[核] になる名詞のこと。たとえば，the little girl in the garden (庭にいる少女) の中心語名詞は girl である。

の英訳は，There are flowers in the vase. でも There are some flowers in the vase. でも正解である。また，「牛乳を買いましたか」に対応する英文は Did you buy milk? でも Did you buy some milk? でも Did you buy any milk? でも構わない。これらの英文間の違いは，意味の違いではなく語用論上の違いである。すなわち，話し手のコミュニケーションの意図・態度として，(「他のもの」ではなく「花」や「牛乳」というように) カテゴリー (類) を強調するときは，some / any を付けない。そうではなく，(部分集合の) 存在を主張する意図があるときは some を，存在を主張しないときは any を付加する，という英語のシステムに基づいている。

some / any の問題に限らず，形態と意味の結びつきにまつわる他の多くの言語事実が，語用論的アプローチによって解明可能であると考える。

第5章

決定詞のマルチな仕事ぶり

1. はじめに

　どの言語にも，意味内容をもつ内容語 (content word) と文法的な役割を担う機能語 (function word) という 2 種類の語彙がある。名詞，動詞，形容詞などは内容語，不変化詞 (particle)，[1] 代名詞，助動詞などは機能語の代表的なものである。本章では，機能語の一つである「決定詞」，その中でも特に，英語の冠詞 (a(n) と the) および (前章で扱った) some と any に焦点を当て，その意味・談話上の機能について考察する。

　決定詞は，小粒ながら，どれも二つ以上の機能を同時に担い，意味の上で重層構造を成している。その典型は不定冠詞 (indefinite article) の a(n) であり，語彙としての基本的意味である「一」(oneness) を表示すると同時に「聞き手にとって新しい情報」(hearer-new information) を示す役割を担っている。しかしながら，(不定冠詞以外の) 決定詞のもつ「多機能性」についてはあまり理解が進んでいない。ほとんどの場合，一つの機能だけが注目され，それ以外の機能は背景化して目立たないか，あるいは意識されることがない。場合によっては，「多機能語」ではなく，同じ単語がいくつかの意味・用法をもつ「多義語」としての扱いを受けている。

---

　1. 形の変化しない機能語。日本語の助詞，英語の前置詞などがこれに含まれる。小辞ともいう。

2. 英語の決定詞

決定詞とは，名詞の前に生じて，指示対象の数，量，所有者，定／不定などを示す文法範疇 (grammatical category) の総称である。「冠詞」(the, a(n))，「指示代名詞（の形容詞用法）」(this, that, these, those)，「不定代名詞（の形容詞用法）」(some, any)[2]，「形容詞」(例: many, much)[3]，「(所有格)人称代名詞」(例: my, your, his) などはすべて決定詞である。これらの要素に共通しているのは名詞句の解釈を「決定づける」機能である。次の例をみてみよう。

(1) a. *a* car
 b. *the* car
 c. *my* car
 d. *any* car

(1) の名詞句はどれも「車」を指すが，(1a) は聞き手にはどれを指しているのか分からない車，(1b) はどの車か聞き手に分かる車，(1c) は他の人のではなく「私の」車，(1d) は「どんな車でも」というように，car の解釈はどの決定詞が付いているかによって変わる。

次節以降では，冠詞 (a(n) / the) と不定決定詞 (some / any) の機能について順次検討していく。また，some / any については，-body, -one と結びついて複合代名詞（例: somebody, any-

---

2. 辞書ではこれらを形容詞に分類している場合が多い。
3. 言語学的には数量詞と呼ばれることが多い。

one），疑問副詞と結びついて複合副詞（例: anywhere, somehow）を成しているケースも含めて考察する。

3. a(n)

　不定冠詞の a(n) は，英語の文法要素の中で最もよく知られているものの一つである。a(n) は歴史的に数詞の one から派生したものであるが，知識としてそれを知っていても，通常はそれほど意識されていないと思われる。次の二文を比べてみよう。

(2) a.　*A* student came to see me yesterday.
　　　　（昨日，学生が一人訪ねてきた）
　　b.　We bought *a* Japanese car.
　　　　（我々は日本車を購入した）

(2a) の a student は，「聞き手には誰か分からない」「一人の」学生，(2b) の a Japanese car は，「聞き手の知らない」「一台の」日本車に言及している。このように，不定冠詞は，名詞句の指示対象（referent）の数が「一」であることを示すと同時に，それが聞き手にとって新しい情報であることを標示（mark）するという二重の機能をもっている。

　このうち，数を示す機能は語彙・意味レベル（lexical-semantic level）に属し，もう一つの，聞き手にとって知らない情報であることを示す機能は，談話・語用論レベル（discourse-pragmatic level）に属している。その違いがどこからくるのかというと，前者は語彙の意味に由来するが，後者は語の意味とは直接関係のない，文脈や話し手の判断に属するという点にある。し

たがって，a(n) のもつ二重の機能は，次のようにまとめることができる。

(3)　i.　数が「一」であることを示す。（意味機能）
　　　ii.　「聞き手にとっての新情報」(hearer-new information) を示す。（談話機能）

注意すべきは，(3) が a(n) の多義性を述べているのではないことである。あるときは指示対象の数が「一」であることを示し，別のときは「聞き手にとっての新情報」を示すということではない。この二重機能は，不定冠詞のどの用法にもついて回るのである。

　不定冠詞の文構造上の扱いについては，一般に，名詞句の主要語，すなわち「中心語名詞」(head noun)，の前にある決定詞の指定席［スロット］(determiner slot) に生じると考えられている。（そのスロットの名称は，理論的立場によって「冠詞」，「決定詞」，「指定辞」(specifier) などいろいろである。）(2) を次の (4) と比べてみよう。

(4) a.　*The* student came to see me yesterday.
　　　　（昨日，その学生が訪ねてきた）
　　b.　We bought *the* Japanese car.
　　　　（我々はその日本車を購入した）

定冠詞の the も，不定冠詞と同じく，「決定詞のスロット」に生じる。このスロットは一つだけなので，当然ながら，定冠詞と不定冠詞は二つ一緒には生じず，他の決定詞と共起することもない。

この点に関し，Kayne (1993) は違った見解をもっており，不定冠詞は「数量詞」(quantifier) に属し，定冠詞は「決定詞」に属すると主張している。そうであれば，二つの冠詞が，別々の名詞前位置を占めるということになって，理論上は，共起することも可能になるはずである。しかし，少なくとも英語ではそれはあり得ない。次のような文はすべて非文である。

(5) a. **A the* student came to see me yesterday.
    b. *We bought *the a* Japanese car.

ここで注目したいのは，数表示機能 (number designating function) をもつ決定詞は不定冠詞だけであることである。定冠詞は数が［一であること］を示す機能をもたない。単数名詞と一緒に用いられている場合，単数を標示しているのは名詞の形態であって，定冠詞ではない。たとえば，the student, the Japanese car が単数と理解されるのは，名詞が単数形だからであって，the が付いているからではない。

そうなると，(3i) の不定名詞句の意味機能は「よけい（余剰的）」(redundant) なものということになる。しかし，言語にとって余剰性はめずらしいことではない。たとえば，those books, the two countries のような名詞句では，「複数を示す名詞前要素＋名詞の複数語尾」という形で，複数性 (plurality) が余剰的に示されている。経済性を考えれば，どちらか一つだけで事足りるはずである。a(n) が「不定単数冠詞」(indefinite singular article) ではなく，（「単数」を省いた形で）「不定冠詞」(indefinite article) と呼ばれている理由の一つがここにあるのかもしれない。しかし，以下でみるように，決定詞のはたらき全般について

考えるとき，数表示機能との関連を軽視することはできない。他の決定詞の中にも名詞句の指示対象の数に応じて変わる［左右される］(be sensitive to) ものがあるからである。

4. the

英語の定冠詞 the は，遠称の指示代名詞 (distal demonstrative) の that から派生したものである。似たような文法化プロセスは世界の言語によくみられる。Givón (2001: 97) は，（言語の時間的変化にかかわる）メカニズムについて次のように説明している。

(6) i. 多くの言語において，空間を指すための指示代名詞が，特定の参照時 (reference point in time) を基準にした時間をも指すようになり，機能拡張が生じる。その後，自然の成り行きとして，さらに冠詞へと変化する。

'that': space（空間）→ time（時）→
definite article（定冠詞）'the'

ii. このようにして新しい役目を担うようになった指示代名詞は弱形化し，（「状況や空間」にあるものを直接指し示す）空間直示 (spatial deixis) 機能を失う。（次はスワヒリ語の例とその英語訳である。）

yule[4] mtu 'the man'

---

4. 指示代名詞から変化したスワヒリ語の定冠詞。

  iii. 指示代名詞は決定詞として用いられると，しばしば弱形で発音され，接辞化 (cliticize)[5] し，冠詞などの他の決定詞と同様の特徴を有するようになる。

ここで注意すべき点は，強勢を失ったとはいえ，the には「他のものとは異なる何か」を指す，本来の機能が保持されていることである。

 the の機能に関する文献は数多くあるが，そのほとんどは「定性」について論じたものである。英語の定性に関するこれまでの標準的な見解は，(i) 聞き手の知っていること，(ii) 先行文脈から引き継いできたことに関する話し手の査定，すなわち，聞き手にそれとわかるかどうかという判断によって the の有無が決まるというものである。言い換えると，the にはいろいろな用法があるが，すべての前提として「あなたにはどれかわかると思う」(I assume you know which one.) という話し手の判断がある。(以下では，伝統的な用語の「冠詞」と言語学用語である「決定詞」を互換可能な (どちらを用いても意味は同じ) ものとして用いる。)

 定決定詞 the の意味・機能をめぐる提案をいくつかみてみよう。Hawkins (1991) は，英語の定冠詞 (the) と不定冠詞 (a(n), some) の違いについて，発話の文脈や場面から導き出される文字どおりではない意味，いわゆる会話の含意 (implicature)，に基づく分析を行っている。それによれば，この2種類の冠詞の選択は，意図された指示対象がコンテクストによって限定された

---

 5. 独立した語であったものが弱形化して，隣接する語に付く接辞 (clitic) となること。I'm, he's の 'm と 's は be 動詞が接辞化したものである。

「連想集合」(association set) の中で唯一的 (unique) な存在であるかどうかにかかっている。

(7) the は存在物の部分集合{P}を慣習的に含意 (conventionally implicate)[6]する。{P}は，話し手と聞き手が互いにオンライン (on-line) で認識している談話世界の中にあって，その中に定性をもつ指示対象が唯一的に存在している。　　　　　　　　(Hawkins (1991))

次の (8) は，話の中に突然出てきたようにみえる定冠詞の用法の例である。

(8) Last night I went out to buy the picnic supplies. I decided to get *the* beer first.
（昨晩，ピクニックの買い物に出かけ，最初にビールを買うことにした）

Birner (2006: 47) によると，(8) のイタリック体の the は，その「ビール」が発話状況の中で個別化できる (individuable) ことを示している。すなわち，ただの漠然としたビールではなく，何のためのビールなのかが決まっているから the beer なのである。個別化の手がかりは，(i) 先行談話の中にすでに出ている；(ii) 聞き手にどれであるか分かっている；(iii) 前もって呼び出された情報の中に含意されている，のどれかである。(8) の場合は (iii) であり，the beer は前出の連想集合 the picnic supplies に

---

6. 社会的慣習として，文字どおりではない意味を導き出すこと。一緒に買い物に行った人から「何がほしい？」ときかれ，「買ってやるよ」と解釈することは慣習的含意の例である。

よって含意されているという理由によって定決定詞が付いているのである。

Birner (2006: 48) は，さらに，Gregory Ward による次のような観察を紹介している。それは，推測可能な情報 (inferable information) に，定決定詞が付いている場合と付いていない場合とを比べると，定決定詞が付いたほうがより緊密な推測を表すという指摘である。例をみてみよう。

(9) a. Little Johnny ate his first cookie today: Crumbs were everywhere.
（ジョニー坊やは今日初めてクッキーを食べた。くずがそこら中に散らばっている）
   b. Little Johnny ate his first cookie today: *The* crumbs were everywhere.
（ジョニー坊やは今日初めてクッキーを食べた。そのくずがそこら中に散らばっている）

上の二文を比べると，「関係のあることを述べよ」(Be relevant.) という会話の大原則によって，(9a) の crumbs は先行文脈中の cookie から出たものであると推測されるが，他のくずが混じっているという解釈もまた十分にあり得る。一方，(9b) の定決定詞付き crumbs が言及するのは，先行文脈中の cookie と結びついた，唯一的で個別化された crumbs（の全集合）であり，その crumbs 以外のものに言及しているという可能性はない。さらに，(9a) の推測は，会話の含意から出ているため，(9a′) のようにキャンセルすることも，(9a″) のように補強することも可能である。

(9) a′. Little Johnny ate his first cookie today: Crumbs were everywhere, but not from the cookie.
(ジョニー坊やは今日初めてクッキーを食べた。くずがそこら中に散らばっているけど、クッキーから出たものじゃない)

a″. Little Johnny ate his first cookie today: Crumbs were everywhere, and the cookie bits just added to the mess.
(ジョニー坊やは今日初めてクッキーを食べた。そこら中にくずが散らばっていたけど、その上にクッキーのかけらが加わることになった)

一方、(9b) のほうは、crumbs を先行文脈中の cookie に結びつけている要素の一つが定決定詞であるため、両者の関係はキャンセルすることも補強することも不可能である。

ここまでの議論から、the が示すのは「相手にそれと分かる」こと(同定可能性)、指すものは「それだけ」(唯一性) だということ、すべてひっくるめて指す(包括性)ということの三つであることが分かった。定決定詞研究の成果は、次のようにまとめることができる。

(10) 定決定詞 the は、聞き手が知っているかどうかに関する話し手の査定に基づいて用いられ、次の三つの概念を標示する。
  i. 同定可能性　　　　　　　　　　　　　(談話機能)
  ii. 談話の宇宙 (universe of discourse) 内における唯一性　　　　　　　　　　　　　(談話機能)

iii. 包括性 (exhaustiveness) （意味機能）

不定冠詞の場合と同様，(10) の三重の機能は，the のすべての用法に備わっている。

5. some

第4章でも述べたように，some と any については，伝統的に，文の肯定・否定の別，すなわち極性 (polarity) との関係が注目を集めてきた。しかし，「平叙文では some を，疑問文，否定文，条件文では any を用いる」という区別は，本質的・絶対的なものではなく，この二語の意味・語用論上の性質からくる派生的なものである。any は疑問，否定等の要素の存在によって機械的に登場するものではなく，any が予想される環境で some が用いられるというケースも存在する。

不定決定詞用法の some には次の2種類がある (Bolinger (1977))。

(11) i. [sm]: 複数・質量を示す不定冠詞（例: some books, some water）
  ii. [sʌm]: （強形の）不定冠詞で，単数可算名詞と共に用いられる[7]（例: some place, some reason）。

どちらも a(n) と同様，「聞き手にとって新しい情報」をマークするはたらきがある。

Farkas (2002) は，英語以外の言語も対象にしながら，不定性

---

7. -thing, -one, -body, -where 等と共に複合代名詞としても用いられる。

(indefiniteness) について研究し，その中で，(11a) の「複数・質量の some」と a(n) をまとめて「普通の (ordinary) 不定決定詞」と呼び，(11b) の「単数の some」と区別している。さらに単数の some については「同定されていない変数」(unidentified variable) を導入する役目を担う語であると述べている。単数の some が用いられる条件としては，候補が複数あり，かつ，そのうちのどれが指示対象であるかは，発話時点では不定である（分からない／取り立てて言う必要がない）ことが必要である。（それに続く文脈で新しい情報が加わることによって，候補の絞り込みが行われる可能性は残される。）

次の例をみてみよう。（ルーマニア語からの英訳であり，英語としてやや不自然さが残るが，本論の論旨には直接影響しない。）

(12)　From time to time, the train would stop in *some* station and a commuter would open an eye.
　　　（列車はときおり駅に停まり，その度に，目を開ける通勤客がいた）　　　　　　　　　　　　　　　　　　　(Farkas (2006))

(12) では，some があることによって「列車が停車すること」と「駅」との結びつきの任意性，無作為 (random) 性が標示されている。そこから，単数標示の some に対して，「無作為選択 (random choice, RC) の不定決定詞」という名称が与えられている。しかし，状況は限定されており，some station の指示対象は，路線上にある駅のどれかに限られている。全く制限のない (open-ended) どれでもよいものというわけではない。

次の (13) では，「無作為選択の some」（以下，RC some）が，特定の（しかしそれが誰かは不問に付されたままの）候補者を

マークし，同時に，談話の中に他の候補者が存在していることを示している。

(13) In target of opportunity cases the department identifies *some* candidate they want and they offer the position without search.
（「機会提供対象有り」の場合，学科は，欲っする候補者を決め，公募なしで採用する）

(Farkas (2002))

この例は，some の指示対象が，区別されていない「分け隔てのない」(undifferentiated) ものである必要のないことを示している。

以上の議論に基づき，some の多機能性について次のようにまとめることができる。

(14) i. 不定代名決定詞 some は，次の二つの談話機能をもっている。
    A. 「聞き手にとって新しい情報」(hearer-new information) を標示する。
    B. 指示対象の正確な数量や具体的にどれを指しているかは「無関係」であるという含意を伴う。
  ii. 「複数・質量の some」と「単数の some」はそれぞれ次の意味機能をもっている。
    A. 複数・質量の some は「非特定的であるが，限定された量や数」(unspecified but restricted quantity or number) を示す。

B.　単数の some は「特称性」(particularity) を示し,かつ「文脈内の均質的な選択肢からの無作為の選択」(random choice among homogeneous contextual alternatives) を表す。

(14) に記した some の多機能性は,代名詞の some や some を含んだ複合代名詞や複合副詞にもみられる。特に,(14i) の談話機能は,some 決定詞,some 代名詞,some 複合代名詞,some 複合副詞のすべてに共通である。

次に,代名詞と複合代名詞の例をみてみよう。

(15) a.　He asked me for chewing gum and I gave him *some*.
(彼がチューインガムをせがんだので,いくらか分けてやった)

b.　Why don't you go to *someone* else?
(誰か別の人のところに行ったらどうですか)

c.　I've got *something* to tell you.
(君に話したいことがある)

(Declerck (1991))

(15) の some, someone, something は,どれも「聞き手にとって新しい情報」を標示している。それと同時に,(15a) では gum の「量」,(15b) では someone が「誰を指すのか」,(15c) では something が「何か」は,具体的に言う必要がない,という含意を含む。これらすべてが some のはたらきである。

　some 代名詞と,複数・質量決定詞の some との関係はどうかというと,この二つの意味論・語用論上の機能は共通である。一

方，some 複合代名詞は，すべて，単数決定詞の some と意味論・語用論上の機能が同じである。逆に言えば，「some 代名詞には単数用法がなく，some 複合代名詞には複数・質量用法がない」という違いがある。

6. any

英語の決定詞の中で，一番軽視されてきたのが any である。話題になるとしても，前章で述べたように，some のおまけのような扱いが多く，any にだけ注目が集まることは，これまであまりなかった。そこで，このいわば日陰者扱いを受けてきた any について少し詳しくみてみたい。

6.1. any の意味論

次の (16) は，any の意味と語用論的側面について研究した 5 人の先駆的な見解を列挙したものである。

(16) i. any は，一つないしそれ以上 (one or more) で，どの特定のものでもないようなものを指す。したがって any は，否定とか疑念（疑問，条件）などを含意する文の中できわめてひんぱんに用いられる。
 [Jespersen (1933)]
 ii. any は，「感情的」(Affective)（負の感情的意味合いを有する）という文法・意味素性を含む構成素と構造上結びついた形で用いられる。[Klima (1964a)]
 iii. some か any かの選択は，肯定的予想か否定的予想

かによって決まる。　　　　　　　［R. Lakoff (1969)］

iv. any の恒常的意味は「反特定性」(counter-specification) である。　　　　　　　［Anthony (1977)］

v. any は「何でも，どれでも」(whatsoever, no matter which) を意味し，否定文に生じやすく，実際によく用いられる。しかし，否定と一対一の対応関係にあるわけではない。　　　　　［Bolinger (1977)］

vi. 「警告」または「約束」を念頭においている話し手の場合は (any か some かの) 選択がはっきりしている傾向がみられる。　　　　　［Bolinger (1977)］

(16i) は伝統的な見解の代表なものである。Jespersen (1933) から30年後になって，Klima (1964a) は，(17a), (17c) のような，現実に起こったことに言及する文脈中にも any が現れることに注目し，そこに「感情的」という要因の存在を認定した。

(17) a. He was stupid to become *any* heavier.
   (さらに太るなんて，彼は考えが足りなかったのだ)

b. *He was smart to become *any* heavier.

c. He was against doing *anything* like that.
   (彼はそのようなことをするのに反対だった)

d. He was in favor of doing *something* like that.
   (彼はそういうことをするのに賛成だった)

Klima によると，(17a) が肯定文なのに any を含んでいるのは stupid に「感情的」という文法・意味素性があるからであり，一方の (17b) が非文なのは，smart が「感情的」という素性を含まないからである。同様に，(17c) に anything が，(17d) に

something が生じている理由は，against には「感情的」という素性があり，in favor of にはないためである。

(16iii) の R. Lakoff (1969) の指摘は，発話時における話し手の期待・予想に着目した結果であり，具体的には次のような事実に基づいている。

(18) a. If you eat *some* spinach, I'll give you $10.
 (ほうれん草を少し食べたら，10 ドルあげるよ)
 a′. *If you eat *any* spinach, I'll give you $10.
 b. If you eat *any* candy, I'll whip you.
 (キャンディーを少しでも食べたら，ムチでたたくよ)
 b′. *If you eat *some* candy, I'll whip you.

(18a) では，話し手が聞き手に行為を行うことを期待している文脈であるため some が用いられている。any はそのような場面では明らかに不適切である。一方，(18b) は，話し手が聞き手に行為を禁じている文脈であるため，any がふさわしく，some は用いることができない。

文脈によっては，(18a) のように，条件文であっても some が用いられ any が排除されるという事実の存在は，(16i) の伝統的な見解が教条化できないことを示している。(18) の例は，すなわち，some/any と条件文 (conditional sentence) の関係について，新しい観点の導入を促すものである。

Klima (1964a) も R. Lakoff (1969) も，any の語彙意味論に関する包括的な検討に向かう道筋を整えた研究であった。続く Anthony (1977) と Bolinger (1977) は，any の意味をさらに追究している。彼らの提唱した any の「反特定性」，「何でも，ど

れでも」という意味特徴は、この分野の研究の進展において画期的なものであった。しかしながら、以下で明らかになるように、どちらも満足できる定義といえるほどのものではない。

まず、any の意味と機能を論じる際には some との比較が欠かせないが、(16iv)、(16v) にはそれがみられない。Bolinger (1977) について言えば、文法要素における「意味と形の関係」を包括的に論じた研究であり、any と some の違いに注目した記述もみられる。そこで全般的に強調されているのは、談話要因との関わりである。(16vi) の見解に関して、次の (19) の例をみてみよう。

(19) a. I warn you that if you do *something* like that I'll whip you.
   (そんなことをしたら、ムチでたたくよ)
   b. I promise you that if you do *anything* bad I'll come to your rescue.
   (もし何か間違いをしてしまったら、助けにいくよ)
   c. I promise you that if you get *any* good grades at all I'll give you $10.
   (少しでもいい成績を取ったら、10ドルやるよ)

(19a) では、条件文中に anything ではなく something が現れている。理由として推測できるのは、「してはならない行為」に関し、前もって話し手から聞き手に、ことばや行動で何か具体的な指示が出ていることである。よくみると、(19a) の something は、like that という限定表現を伴っており、先行談話中の特定の内容に言及していることが分かる。anything が用いられた次の例

と比較してみよう。

(19a′) I warn you that if you do *anything* like that I'll whip you.
(そういうことをしたら，ムチでたたくよ)

some が any に替わっただけであるが，(19a′) は (19a) と比べると特定性が低い。すなわち，anything (何でも) を用いた文のほうが，something (何か) を用いた文に比べて「してはならない行為」の幅が広くなる。any の場合，談話中に like that などがあっても，指定したもの以外の類似したものもすべて含むことが可能である。すなわち，限定表現は例示に過ぎず，それにとらわれない性質があることが分かる。

次に (19b) についてみると，anything が用いられていることから，「聞き手が間違いを犯す可能性は低い」という話し手の判断がみてとれる。このような場合，話し手の判断は，次のように揺れ動いた後で出された可能性がある。

(19b′) It isn't likely that my friend will do *something* bad — in fact, it isn't likely that he will do *anything* bad at all.
(私の友人が何か間違いをする可能性は低い，実際，まずいことをすることなど絶対なさそうだ)

(19b′) において anything が選択されているのは，すべてを考慮した後で，その可能性があり得ないと判断された結果である。

なお，(19c) の any は，「よい成績は一つか二つ取れば十分で，どの分野でも構わない」という話し手の態度を示すはたらきをし

ている。不定代名詞／決定詞は，このように話し手の頭の中にある想定や判断に合わせて選択される。

6.2.「自由選択」の any

Bolinger (1977) から，さらに 20 年後，Haspelmath (1997) は，言語類型論[8]の立場から，世界各地の言語における不定代名詞を研究し，「形態と(意味・統語上の)機能」の関係を基に，40 言語における分布スキーマ (distributional schema) を作成した。その中で，世界の言語に共通する不定代名詞体系として，次の連累マップ (implicational map) を提唱している。

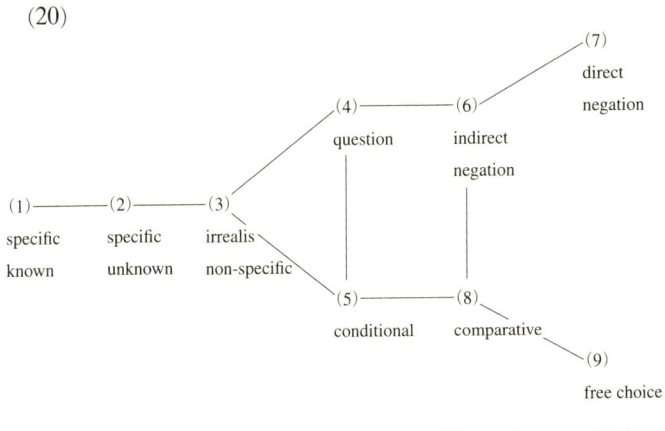

(20)

```
                                              (7)
                                              direct
                                              negation
                        (4)———(6)
                        question  indirect
                                  negation
(1)———(2)———(3)
specific  specific  irrealis
known    unknown   non-specific
                        (5)———(8)
                        conditional comparative
                                              (9)
                                              free choice
```

(Haspelmath (1997))

---

8. 系統関係に関わりなく，世界の言語の構造上の類似性について研究する言語学の一分野。

((1)-(9) の各節点に対応する日本語訳: (1) 特定的かつ知られている; (2) 特定的であるが知られていない; (3) 実在せず非特定的; (4) 疑問文; (5) 条件文; (6) 間接否定文; (7) 直接否定文; (8) 比較文; (9) 自由選択)

Haspelmath によると，世界の言語にみられるさまざまなタイプの不定代名詞は，(20) の二次元連累マップ上の (1)-(9) の節点のどれかにそれぞれ位置づけられる。

Haspelmath (1997) の研究は，不定代名詞の属性と用法について，文脈に関する制限に焦点を当てて行われたものであり，不定決定詞用法への言及はあまりみられない。ここで特に注目したいのは，(9) の「自由選択」(free choice) タイプの存在である。英語の場合，前節で考察した，「反特定的」，「何でも，どれでも」の any がこれに相当する。以下は，「自由選択 (free choice) の any」(以下，FC any という) の複合副詞用法と決定詞用法の例である。

(21) a. Go *anywhere* you like.
(どこでも好きなところへ行きなさい)

b. A seismograph detects *any* tremors that may occur.
(地震計はどんな揺れをも感知する)

c. *Any* other man would have accepted.
(他の人なら誰でも承諾したはずだ)

これらの any を含んだ文には，指示対象の存在に関する特別な前提がない。FC any はあらゆる可能性をオープンにする。次の二つの文を比べてみよう。

(22) a. #What's the big hurry? — are you going *anywhere*?
　　　　 (そんなにあわててどうしたの。── どこへでも行くの)

　　 b.　What's the big hurry — are you going *somewhere*?
　　　　 (そんなにあわててどうしたの。── どこかへ行くの)
　　　　　　　　　　　　　　　　　　　　　　　(Bolinger (1977))

(22a)は，意味的に前の文と後の文とがつながらず，談話として成り立っていない。このように，anywhereは，何も前提のないときには用いられるが，目の前で展開されている相手の行動(この場合は「慌てている」)から推察したことがら(「どこかに行こうとしている」)に言及する際には不適切なのである。一方の(22b)は首尾一貫性のある発話である。このような何らかの具体的根拠に基づく発言の中ではsomewhereを用いるのが自然である。

6.3. 「否定文脈」のany

Haspelmath (1997)の画期的な研究と前後して，新しい見地からのany(およびsome)の本格的な意味・語用論研究が開始され，興味深い議論が次々と展開されるようになった。Lee and Horn (1994)は，次のような，「存在の前提を含まない文脈に現れるany」のはたらきに注目した。

(23) a.　If you see *any* student cheating, tell me.
　　　　 (もしカンニングをしている学生を見たら，知らせてくれ)

　　 b.　That she had *any* power over Jim never occurred to her.
　　　　 (自分がジムに影響力をもっているなんて，彼女には思いもよらないことだった)

(23) の any は，自然な日本語表現にはなりにくいが，「だれでも」「少しでも」等の意味合いがあり，存在数量詞 (existential quantifier) 的な機能をもつとみなされてきた。しかし，Lee and Horn は，このタイプに特有の「存在の前提を含まない文脈に現れる」という性質に焦点を当て，「(肯定/否定の) 極性に感応する (polarity sensitive, PS) any」(以下，PS any) という名称を与えている。

6.4. 分け隔てのない選択項目

前節でみた FC any が，(all, every と似て) 全称数量子的であるのに対し，PS any は存在数量詞的 (存在するかどうかを問題にするタイプ) である。この2タイプは，any がもつ二つの異なる機能を示しており，any のはたらきについての統一的な説明を困難にしている主たる原因である。しかし，Farkas (2006: 75) は，ルーマニア語などにみられる類似の要素を考察した結果，二つのタイプを包括する概念として「分け隔てのない選択項目」(undifferentiated choice item, UCI) (以下，UC 項目という) という範疇の存在を指摘した。UC 項目とは，それによって導入される変数 (variable)[9] に特別な条件を課す不定代名詞類であり，「存在を問題にする (existential)」PS any と「すべてを対象とする (universal)」FC any は，その下位範疇を成している。英語の場合，「any は二つの変種を有する UC 項目」ということになる。

これまでに提案された (二つの any に対する) いくつかの用語

---

9. 数学の変数と基本的に同じ。

をまとめて示すと次のようになる。

(24) 英語の2種類の「分け隔てのない選択 (UC) 項目」
 a. 存在決定詞 (existential determiner)
  = 極性感応 (PS) any
  = 存在を問題にする PS any
 b. 全称決定詞 (universal determiner)
  = 自由選択 (FC) any
  = すべてを対象とする FC any

Farkas の「存在決定詞」と「全称決定詞」のペアは，論理学的な分析には適しているが，形態も機能も異なった（弁別的な）二つの決定詞の存在を示唆する。以下では，そのような誤解を避け，簡潔に説明するために，PS any と FC any という名称を使用することにする。次の (25) に，2タイプの典型的な例を示す。

(25) a. I don't know if *anybody* came. I saw no one there.
  （誰か来たかどうか知らない。私は誰も見かけなかった）
  [PS any]
 b. *Any* owl hunts mice.
  （フクロウならネズミをとる） [FC any]

FC any は，一般に，生じる位置が限定されていると考えられてきた。実際，これまでの研究は，文脈の意味特徴によって，その使用が許可されたり，許可されなかったりという条件面を中心にして，もっぱら使用分布に関する説明が試みられている。

しかし，Vlachou (2007) によれば，FC 項目は，その語彙的

意味が文脈のもつ意味・語用論と適合しさえすればどんな文脈にも生じうる。次の例をみてみよう。

(26) Yesterday, John talked to *any* student who came by his office.
(昨日, ジョンは研究室を訪ねてきたどの学生とも話した)

(Farkas (2006))

(26) は, (25b) と同様, 従来は any が生じないとされていた肯定文に現れている例である。このような用例の存在を考慮すれば, FC 項目に生起制限はないことになる。Vlachou は, フランス語, ギリシャ語, 英語のデータを基に, FC 項目は,「範囲の広がり」(widening),「無差別性」(indiscriminacy),「区別不能性」(indistinguishability),「不案内」(ignorance),「無頓着」(indifference),「低レベル」(low-level) を示す機能をもつと論じている。それによると, 基本的に生起制限はないが, これらの意味合いが意味的, 語用論的理由によって, 文脈がどうであれ, ブロックされる可能性はある。そこで, これらの3言語でFC項目が最終的に非文法的になるのは, もっている意味合いがすべてブロックされた場合だけということになる。次の (27) は, 一人の人間が, ある瞬間に, 複数の人と別々に話すこと自体があり得ず, そもそも意味的に成り立たないため, 容認不可能とされる例である (Farkas (2006))。

(27) *Yesterday at 5pm John talked to *any* student who came by his office.

(27) の any は, Vlachou が挙げている意味合いのどれをも担っ

ていない。

　従来の，any に類する FC 項目の生起制約は，語用論的要因を考慮していないため説得力を欠いていた。意味・語用論的に不適合を起こすケースを除けば，FC 要素の分布には基本的に制限がなく，フリーであると考えられる。

6.5. RC some と FC any

　次に，「無作為」の RC some と「自由選択」の FC any の違いについて考えてみよう。この 2 項目は，(i) 指示性 (referentiality)，(ii) 選択肢の性質 (nature of the alternatives)，(iii) 相等性 (equality) の三つの点で異なっている。第 5 節でみたように，RC some が示すのは「特定性」(particularity) および「何らかの存在の想定」(assumed existence of something) である。次の例をみてみよう。

(28) Why is your mother mad at you?—Because we didn't eat *something* [that she told us to eat].
(君のお母さん，どうして怒っているの——食べるように言われていたものを僕たちが食べなかったからさ)

(Bolinger (1977))

この例では，RC some(thing) が否定文中にごく自然に生じている。特定の指示対象が前提としてあり（指示的），ほかにも食べ物がある（具体的な選択肢が存在している）が，問題になっているものとは質的に異なる（話し手にとっての魅力が同じではない）。

　それに対し，FC any は，特定のものを指示せず（非指示的），

同程度に文脈に合っている（漠然とした）選択肢がいくつか存在しさえすれば，それらの質までは問わない（似ていても違っていても構わない）。FC any が否定文，疑問文，条件文等に現れやすい理由は，すべての用法において名詞句の非指示性を示しているので，選ばれるものがゼロの可能性を排除しないからである。

次の (29a) は，any が肯定文に生じている例である。

(29) a. John ate *anything*.
      （ジョンは何でも食べた）
   b. John ate *any* sandwich.
      （ジョンはサンドイッチなら何でも食べた）
   c. *John ate *any* sandwiches.

(29a) は過去におけるジョンの属性（食べ物の好き嫌いのない人だった）を述べた文である。ある日ある場所で「ジョンが出されたものを何でも食べた」という，一回限りのエピソードを述べたものではない。ジョンがものを食べる機会は過去にいくらでもあったはずであり，(29a) によって言及される時と場所の可能性は無限にある。したがって，この文は過去の習性に言及しているものと解釈される。(29b) も同様に，「サンドイッチなら何でも食べた」という習性を述べている文である。このような場合には FC any がふさわしい。一方，(29c) が容認不可能なのは，PS any の文とも FC any の文とも解釈できないからである。[any ＋複数名詞] というのは PS any の出現する典型的な形であるが，この文には否定極性がないので PS any の出番がない。また，sandwiches が不定数を示しているため，「選択肢の中からどれでもよいから（通常は一つを）選ぶ」という FC any の基本的解釈

もブロックされる。選ばれるものの数は（1でなければ）2とか3とかの具体的な数である。John ate any two sandwiches. という文は，「ジョンは，どんな組み合わせでも構わないが，サンドイッチを二つ食べる習慣があった」という意味なら，文法的には何ら問題がない。

次に，(28) と (29a) を比べてみよう。(28) では something が用いられ，特定の指示対象の存在が前提となっている。一方，(29a) では anything が用いられており，具体的な指示対象の存在は前提とされていない。

前述の (25b) も，(29a)，(29b) と同じタイプであり，フクロウの習性に言及し，「フクロウがネズミをとって食べる」事態が発生する可能性を述べている。この文は，一羽の特定のフクロウ，あるいは特定のフクロウの種に言及したものではない。その証拠に，but, unfortunately, there is none around here. (だが，残念ながら，ここら辺には生息していない）というような文を続けることが可能である。

以上の any に関する最新の研究成果について，Farkas や Vlachou が用いている新しい用語ではなく，できるだけ一般的な用語や説明を用いて (30) にまとめて記す。

(30) i. 不定代名決定詞 any は話し手の「情意」を標示する。　　　　　　　　　　　　　　　　　　（談話機能）
　　 ii. any には，「極性感応タイプ」の PS any と「自由選択タイプ」の FC any の2種類があるが，どちらも非特定的で，非指示的な意味合い（決まったものを指していない）を含み，それぞれ次の特徴をもって

　　　　　　　　　　　　　　　　　　　　（意味機能）
A. PS any は「ゼロから全部まで，あらゆる可能性」を視野に入れている。
B. FC any は「文脈に合致しているものなら何でも選べる」が，結果的に，選ばれるものが何もなく，ゼロである可能性もある。

7. フランス語の決定詞システム

　決定詞のもつ多機能性と英語の決定詞体系の個性的な特徴をよりよく理解するために，最後に，フランス語の決定詞システムを概観してみよう。

　フランス語には不定冠詞が二つ，すなわち，「単数男性名詞に用いられる un」と「単数女性名詞に用いられる une」がある。さらに「部分冠詞」（partitive article）が三つ，すなわち「男性質量名詞に用いられる du」，「女性質量名詞に用いられる de la」，「複数名詞に用いられる des」がある。これら五つの決定詞は，「不定性」，「可算性」，「（可算名詞の場合）数」，「（単数の場合）性」を同時に示すという，多機能な文法項目である。3種類ある定冠詞も同様であり，le は単数男性名詞，la は単数女性名詞，les は複数名詞と共に用い，いずれも「定性」，「数」，「性」を標示するという点で多機能である。（「性」の区別については，部分冠詞・定冠詞ともに複数形では中和され，区別されない。）

　フランス語は冠詞の多機能性が目立ち，また，部分冠詞の存在も特徴的である。部分冠詞は，（インド・ヨーロッパ語族以外の言語，たとえば）フィンランド語などにもみられるが，名詞が，

指示できるもの全部ではなく一部を指すという意味で，論理的な文法項目であり，名称も理にかなったものである。

英語には部分冠詞がないが，その代わりとしてあるのが，決定詞の some/any であるということができる。全く同じはたらきをするわけではないが，相互に重なり合う部分がある。不定決定詞 some/any は，語源的に不定代名詞の some/any，複合代名詞（や複合副詞）の somebody/anybody, somewhere/anywhere 等と関係があり，形態上もそのまま同じ形が受け継がれている。

しかし，フランス語の場合は事情が異なる。some に当たる不定決定詞 quelque は，「何」という意味の疑問詞に接続詞の que が付属した複合語である。（この点，フランス語は英語よりも日本語に近い。日本語の「何かの，何らかの」も疑問詞「何」からの派生表現であり，同系列の不定代名詞として「何か」がある。）しかし，フランス語の quelque は複合代名詞（例: quelque chose（「何か」，文字どおりには「何かのもの」））としての用法があるだけで単独での代名詞用法はない。それは，quelque の語源を考えると当然なことであって，もともと数量を表す意味がないためである。

フランス語には，FC any に対応する n'importe[10] という表現はあるが，quelque と同様に複合名詞用法のみで，語源を同じくする不定代名詞も存在しない。PS any に当たるのは，aucun（どんな，何の，いかなる ... も）であるが，これには不定代名詞用

---

10. 「構わない」という意味で，n'mporte qui（誰でも）のように複合表現で用いる。英語に直訳すると not important である。

法もある。[11]

ここで注目したいのは，Haspelmath (1997) が指摘した，世界の言語にみられる，「不定代名詞(副詞)は疑問代名詞(副詞)から派生する」という一般的な傾向である。日本語とフランス語の不定複合名詞(や副詞)はこれに該当し，たとえば，日本語の「何でも」とフランス語の n'importe quoi は英語に直すと no matter which, whatsoever (何でも構わない)[12] となる。この点で，日本語とフランス語は一般的なタイプに入り，英語は特殊なタイプであるといえる。

8. おわりに

機能語の分布をめぐる，1970年代後半からの30年間にわたる言語学研究の流れの中で，数々の興味深い事実が明らかにされてきた。その成果として，単純で小さな形をした決定詞にも，その分布とはたらきに多面性があり，多彩な意味合いがある，という実体の解明が進んだ。本章では，英語の決定詞に，意味・談話機能の面から光を当て，その多機能性と複層性について考えてきた。他の機能語についても多面的な検討を加えていくことによって，その意味とはたらきをめぐる新しい事実が明らかになるはずである。

---

11. *aucuns* pensent que ... (〜と考える人もある) のように，「複数・質量の some」に対応した用法もある。
12. Bolinger (1977) の提唱した「any の意味」(16v) に相当する。

第 6 章

「コメント」としての文副詞

1. はじめに

　一般に，文は，事実を伝える役目だけをするものではなく，ところどころに，「言われている内容」(what is being said) に対する「話し手のコメント」が表れる。そのメカニズムの一つがいわゆる文副詞 (sentence adverb) である。

　英語の達人になるには，文副詞をうまく活用できるかどうかも大きなポイントである。しかし，伝統的に，副詞は，文構造にとって付随的な要素で，文法記述にとってあまり重要ではないものとされ，言語学の主な研究対象とはされてこなかった。しかし，英語の副詞を文法的に説明する取り組みが行われなかったわけではなく，これまでも諸々の基準に基づく分類法が試みられた。まず基本的に，副詞は，文全体に係る「文副詞」(例: certainly, perhaps) と動詞，形容詞，副詞など文中の要素を修飾する「語修飾副詞」(例: often, very) に分けられる。この二分法は直観的にも受け入れやすく，伝統文法から新言語学への流れの中にも受け継がれている。しかし，細かい区別や呼び名になると，（理論的）立場によって意見が分かれる．

　本章では，主として［形容詞＋ly］という形をした，いわゆる「ly 副詞」タイプの文副詞の意味・談話上の役割について考察する。文副詞のさまざまなはたらき，共通性や違いに語用論の観点からアプローチし，英語の文副詞が担う談話機能の本質と多様なサブカテゴリーの諸相を明らかにする。

2. 命題と「コメント」

次の二文をみてみよう。(1a) は単文，(1b) は複文であり，構造は異なるが一般にほぼ同じような意味であると解釈されている。

(1) a. I *certainly* went there.
   （私は確かにそこへ行った）
   b. It is certain that I went there.
   （私がそこへ行ったことは確かです）

(1a) の certainly は文副詞であり，動詞 went を修飾しているのではなく，I went there という命題内容について，それが「確かなことだ」という話し手の判断を表示している。主語と動詞の間に位置していても，明示的主張の一部ではなく，コメント的，付随的なものである。一方，(1b) は，全体として複合命題を構成し，話し手の主張がまとめて述べられている。両者を比べると，文副詞を含む (1a) は，文法構造上はシンプルだが，意味構造上は複合的な形［命題＋話者のコメント］をしている。一方，(1b) は，見た目の構造は複合的であるが，意味構造上はシンプルで，話し手の判断が命題の一部を成している。

次の (2) の文は，構造上の違いにかかわらず，いずれも話し手の態度や心情を命題中で明示的に述べている。

(2) a. I love you.
   （愛してるよ）
   b. I am not in a position to be certain about that.
   （それについて確信を持てる状態ではありません）

  c. Hearing that news makes me very sad.
   (ニュースを聞いてとても悲しくなりました)

ここで (2a) は聞き手に対する心的態度, (2b) は事実に関する認識論的評価, (2c) は事実に対する話し手の心情的 (emotional) な態度を表しており, このタイプの文の意味構造記述には, 何ら特別な手当はいらない。

これに対し, 文副詞のような語用論的要素は, (1b) や (2) とは異なり, 命題内にあって明示的描写を行うのではなく, 命題の外にある, 話し手による評言 [コメント] に属しており, 単純, 平板な意味構造分析では適切に処理できない。代表的な例は次のようなものである。

 (3) a. *Seriously*, do you intend to move to Spain?
    (まじめに聞くけど, スペインに移住するつもりなのか)
  b. *Evidently*, Frank is avoiding us.
    (確かにフランクは我々を避けている)
  c. *Happily*, John passed the exam.
    (うれしいことに, ジョンは試験をパスした)

話し手の態度を非明示的に示す語用論的手段には大きく分けて 2 種類ある (Feldman (1974))。一つは, 聞き手に対する話し手の姿勢・態度を表すもので, (i) 口に出すだけで動詞の表す行為が成立する, いわゆる「遂行的動詞」(performative verb)[1] や,

---

 1. 代表的なものは, promise, declare, state, ask, command, apologize 等であり, たとえば, I apologize. (謝ります) と言っただけで, 謝罪 (という行為) は成立する。

(ii)「〜てもよい」「〜しなければならない」等の意味で使われる，いわゆる「根源的法助動詞」(root modal) がその代表的なものである。もう一つは，メッセージの内容に対する話し手の態度を表すもので，(i) 認識論的挿入句 (*I believe, you know*, etc.) や，(ii) 判断行為的挿入句 (*I regret, I am glad*, etc.) や，(iii)「〜かもしれない」「〜に違いない」等を表す，いわゆる「認識様態の法助動詞」(epistemic modal) がそのメンバーである。文副詞にも，この二つのタイプがある。

3. 文副詞の種類

まず，いろいろなタイプの文副詞の存在を確認してみよう。前節で述べたように，文副詞は文の内容に関わる話し手の主観を表す。時制に対しても同様であり，文副詞が表すのは発話の行われる「現時点」における話し手の判断である。それを語用論的メッセージとして伝えるという点はどのタイプの文副詞にも共通であるが，以下にみるようにその様態はさまざまである。

文副詞は，前節の最後に述べたとおり，大きく次の2種類に分けられる。

(4) 2種類の文副詞
　　A. 「発話行為」に関わるもので，「聞き手」に対する話し手の姿勢を表す（例: (3a)）
　　B. 「判断行為」に関わるもので，「命題（メッセージの内容）」に対する話し手の態度を表す（例: (1a), (3b), (3c)）

この二つのタイプの名称について，それぞれの機能上の特徴を別々の角度から捉えたさまざまな提案がなされてきた。これまで行われてきた主なネーミングの概略は，以下のとおりである。

(5) 2種類の文副詞のいろいろなネーミング
　　A. 文体の離接詞 (style disjunct)，遂行的副詞 (performative adverb)，発話様態の副詞 (manner-of-speaking adverb)，談話志向副詞 (discourse-oriented adverb)，語用論的副詞 (pragmatic adverb)，発話行為の副詞類 (speech-act adverbial)
　　B. 態度の離接詞[2] (attitudinal disjunct)，認識の副詞 (epistemic adverb)，内容の離接詞 (content disjunct)

このほかにもいろいろ提案されているが，現在，最も普通に用いられているのは，Greenbaum (1969) による「文体の離接詞」(style disjunct) と「態度の離接詞」(attitudinal disjunct) である。

　名称の問題を別にすると，上記の二分類についてはほぼ意見が一致しており，以下でもこの線にそって考察を行うが，異なる見解を展開している学者もおり，たとえば，Jackendoff (1972) は，文副詞を「話者志向副詞」(speaker-oriented adverb) と「主語志向副詞」(subject-oriented adverb) とに二分している。話

　2.「態度」という日本語は，英語の attitude（態度，姿勢，見解などを包括した意味を持つ）よりも明らかに意味合いが狭く，最適な表現とは言いがたいが，慣行に従って使用することにする。

者志向副詞は，その名称からも明白なように，文の内容についての話し手の評価・判断を表す働きをもつ副詞類を指し，文体の離接詞と態度の離接詞の両者を包含する大きな類である。主語志向副詞は，5.3 節で「形容辞副詞」として扱うものとほぼ同じと考えることができる。(Jackendoff の分類については，第 9 節で再考する。)

Huddleston and Pullum (2002) は，文法範疇に関する独自の見解に基づいて，本章における文副詞［離接詞］を「付加詞」(adjunct) と呼び，五つに下位分類している。その中の一つは文体の離接詞に相当するもので，「発話行為に関する付加詞」(speech act-related adjunct) と名づけられている。(Huddleston and Pullum の分類については第 10 節で扱う。)

以下では，一般になじみの薄い「離接詞」という用語を避けて，(5a)，(5b) をそれぞれ「発話スタイルの文副詞」「態度の文副詞」と呼ぶこととし，さまざまなタイプの文副詞について具体的に考察していく。

4. 発話スタイルの文副詞

発話スタイルの文副詞が表すのは，話し手による，意味内容伝達上の自己 (ときには相手) の役割規定や「話し振り」であり，コメント的・挿入句的な形をとる。例をみてみよう。

(6) a. *Frankly*, I am tired.
   (率直に言うと，疲れました)
 b. *Honestly*, I can't tell you the answer.
   (正直言って，私には答えられない)

c. *Seriously*, how do I look?
　　　（本当のこと言って，私どう見える？）
　　d. I don't want the money, *confidentially*.
　　　（僕はその金はいらないよ，ここだけの話だが）

(6a), (6b) のような平叙文の場合，発話スタイルの文副詞が表すのは話し手の発話態度である。(6c) のような疑問文の場合は，通例，話し手が要求する聞き手の返答態度を表す。場合によっては話し手自身の質問態度である可能性もある。発話スタイルの文副詞は，文頭に位置するのがふつうであるが，(6d) のように，文尾に生じることもある。

　このタイプは数が限られており，自由に新しい成員を加えることのできない，いわゆる閉じた類 (closed class) を成す。代表的なものは，seriously, simply, broadly, strictly, frankly, literally, specifically, briefly, parenthetically, confidentially, truthfully, candidly, honestly, technically, truly, etc. である。(副詞だけを列挙する場合は日本語訳を付けない。用法や文脈により適切な日本語表現がさまざまに異なるからである。)

　発話スタイルの文副詞に対して，前節でみたような種々の別名称が付けられているという事実は，このタイプの副詞のもつ機能上の多面性を浮き彫りにしている。たとえば，「発話スタイルについての断り」としての面，「言語行為に関する但し書き」としての面，「相手に対する伝達姿勢を示す」語用論的手段の一つとしての面など，である。この副詞類の機能上の特徴は，これらのすべてを一体化して兼ね備えているところにある。

　Schreiber (1972a) 等は，動詞 tell と共起できる様態の副詞

(manner adverb) はすべて発話スタイルの文副詞になり得ると考え，発話スタイルの文副詞を含む文は，たとえば (6b′) のような基底構造をもっていると仮定した。

(6b′)　I tell you honestly [I can't tell you the answer].

すなわち，(6b) の発話スタイルの文副詞は，(6b′) の主文 I tell you honestly から，I tell you の省略という操作を経た後，様態の副詞が独立して派生した，と説明したのである。しかし，このような考えや文法プロセスは今では支持されていない。

　発話スタイルの文副詞と，全体が明示的命題を成している (6b′) のような構造とを，統語的に関連づけるのは不可能と考える根拠は三つある。第一に，発話スタイルの文副詞は，聞き手に対する話し手の伝達姿勢を示す語用論的手段の一つであり，発言内容について語ることば，すなわちメタ言語 (metalanguage)[3] の一種であるので，命題内容とは区別して扱われなければならない。ところが，Schreiber 等の分析は，この点を無視して，メタ言語表現である I tell you honestly を命題に帰属させている。第二に，すべての発話スタイルの文副詞に対して (6b′) タイプの命題表現が存在しているわけではない（例: Generally ← *I tell you *generally*）。第三に，tell と共起できる様態の副詞のすべてが，発話スタイルの文副詞としての用法を有するわけでもない（例: I tell you *light-heartedly* → *Light-heartedly）。したがっ

3.　(言語外の事象の記述・説明のために用いられるのではなく) ことば自体に言及したり，ことば自体に関して語ったりするために用いられる言語。word, syllable, sentence, noun, negation などは代表的なメタ言語である。

て，(6b) と (6b′) との関係は，文法上のプロセスによらない，意味的な結びつきとして扱われるべきである。

発話スタイルの文副詞には，大きく分けて三つのグループがある。第一は，「命題内容の真を断定する意味合い」をもつもの（例: bluntly, candidly, flatly, frankly, honestly, seriously, strictly, truly, truthfully）； 第二は，発言が「一般的見地からなされているという注釈」を示すもの（例: approximately, briefly, broadly, crudely, generally, roughly, simply）； 第三は，それ以外のもの（例: confidentially, literally, metaphorically, parenthetically, personally, specifically, technically）である。

なお，同等の機能をもつ表現として，(7a) に挙げた，「ly 副詞+speaking」という分詞を伴った形がよく知られているが，ほかにも (7b-e) のようなものがある。

(7) a. ly 副詞 + speaking: frankly speaking, generally speaking, etc.

b. 前置詞句: in all frankness, etc.

c. 不定詞句: to be frank, to speak frankly, to put it frankly, etc.

d. 現在／過去分詞: putting it frankly, put frankly, etc.

e. if 節: if I may be frank, if I can speak frankly, if I can put it frankly, etc.

5. 態度の文副詞

　態度の文副詞は，文の内容に対する話し手の判断による注釈（態度・評価・確信の度合い）や査定といった，語用論的メッセージを伝えるはたらきをする。生起環境は平叙文に限られており，疑問文や命令文には現れない。態度の文副詞によって表現される話し手の主観的査定は，大きく三つのタイプに分けられる。ここでも，理論的立場によりさまざまなネーミングがみられるが，最も一般的と思われるものを最初に記している。

(8) 態度の文副詞
　　i. 「モダリティ副詞」(modal adverb) [「認識様態副詞」(epistemic adverb)，「真偽評価の離接詞」(truth-evaluating disjunct)，「蓋然性の副詞」(probability adverb)]
　　　例： clearly, evidently, possibly, probably, seemingly, etc.
　　　特徴： 命題内容の蓋然性に関する話し手の査定を表すタイプであり，閉じた類を成している。
　　ii. 「評価の副詞」(evaluative adverb) [「事実評価の離接詞」(fact-evaluating disjunct)，「叙実的副詞」(factive adverb)]
　　　例： fortunately, happily, interestingly, ironically, naturally, etc.
　　　特徴： 命題内容の真を前提とした上で，それに対する話し手の価値判断，主観的評価，心情

的態度を表現するタイプ。開いた類（open class）を成している。

iii. 「形容辞副詞」(epithet adverb)［「主語志向副詞」(subject-oriented adverb),「主語評価の離接詞」(subject-evaluating disjunct),「動作主志向の副詞」(agent-oriented adverb)］

例： carefully, cleverly, clumsily, foolishly, intelligently, obnoxiously, recklessly, rudely, shrewdly, wisely, etc.

特徴： 文中で言及されている行為に対する話し手の肯定的（積極的）・否定的（消極的）評価を，主語（＝動作主）に関する追加情報，コメントという形で表現するタイプ。

以下では，3種類の「態度の副詞」に対し，それぞれ，最も一般的な「モダリティ副詞」，「評価の副詞」，「形容辞副詞」という名称を用いることにする。

5.1. モダリティ副詞

モダリティ副詞は，次の例にみられるように，話し手の判断行為を表し，「文の内容に対して，話し手が与えるもっともらしさの程度，蓋然性（probability）の評価，命題のもつ信憑性」を伝える。

(9) *Surely* he has smoked a pipe.
（確かに彼はパイプを吸ったよ）

(10) a. *Evidently* Horatio has lost his mind.

b.　Horatio has *evidently* lost his mind.
　　　　（明らかにホレーショーは頭がおかしくなった）

(11)　John *probably* has lost the race.
　　　（ジョンはたぶん競走に負けたのだろう）

　(12)　*Apparently*, Sam rejected the offer.
　　　　（サムはどうも申し出を断ったらしい）

この種の副詞を含む文は，形容詞を含む [It is Adj that S] という形とパラレルである。たとえば，(11) は (11′) と (12) は (12′) と知的（概念的）意味が同じである。

(11′)　It is probable that John has lost the race.

(12′)　It is apparent that Sam rejected the offer.

しかし，副詞を含む形は，形容詞を含む形とは異なり，副詞によって提供される評価が話し手の主張の一部ではなく，それに外在的であり，命題内容についての話し手の主観的評価を表すため，この二つの構造を文法的に関係づけることはできない。第4節の発話スタイルの文副詞の場合と同様に，モダリティ副詞と形容詞を含む (11′)，(12′) のような構造との結びつきは，語彙のレベルに属するものである。

Quirk et al. (1985: 620-621) では，このタイプの副詞類（ly 副詞以外も含む）をさらに次の3種に分けている。

(13)　i.　確信（conviction）を示す類
　　　　　直接的断定を表すタイプ（例: undoubtedly），一般的見方であることを表すタイプ（例: evidently）など

例： admittedly, certainly, decidedly, definitely, indeed, surely, undeniably, undoubtedly, unquestionably, clearly, evidently, obviously, plainly, etc.

ii. ある程度のためらい (some degree of doubt) を示す類

例： allegedly, arguably, apparently, conceivably, doubtless, most likely, perhaps, possibly, presumably, quite likely, reportedly, supposedly, very likely, etc.

iii. 真偽判断の根拠を示す類
現実性 (reality) の有無についての言及が多い

a. 現実的であるとの判断タイプ

例： actually, really, etc.

b. 現実とは異なるとの判断タイプ

例： only, apparently, formally, hypothetically, ideally, nominally, officially, outwardly, superficially, technically, theoretically, etc.

c. 原則的な見方であるとの断りタイプ

例： basically, essentially, fundamentally

5.2. 評価の副詞

評価の副詞は，次の例にみられるように，文が表す内容・事実に対する，話し手の主観的評価，意見，価値判断を示す。

(14) *Surprisingly*, he ate a lot.
(驚いたことに,彼はたくさん食べた)

(15) a. *Unfortunately*, Horatio has lost his mind.
b. Horatio has *unfortunately* lost his mind.
(不幸にもホレーショーは頭がおかしくなった)

(16) *Happily*, John won the game.
(うれしいことに,ジョンはゲームに勝った)

(17) *Ironically*, John won the game.
(皮肉にも,ジョンはゲームに勝った)

評価の副詞は,モダリティ副詞とは異なり,命題によって表される内容が真であることを前提している。パラフレーズしようとすると,Schreiber が示したような [S₁ and S₁ is Adj] (S は主語,S₁ は同じ人物を指す) という形が得られる。たとえば,(17) は (17′) のようにパラフレーズが可能であることになる。

(17′) John won the game, and it is ironical.
(ジョンはゲームに勝ったが,皮肉なことだ)

しかし,他の文副詞と同様,評価の副詞も命題に外在的である。表しているのは事実に対する話し手の主観的評価であり,命題とは意味構造上のレベルが異なる。したがって,評価の副詞と (17′) に類する形容詞文との関係は文法的なものではなく,語彙レベルにおけるものである。

評価の副詞に共通する特徴は,「発言内容全体に対する主観的判断」を示すことである。(次節でみる形容辞副詞とは違って,動作主 (主語) に対する評価は含まない。) このタイプの副詞類は数が多く,-ing 形から派生するものは特に生産性が高い。すべ

てを網羅することはできないが，判断のタイプによって以下のような分類が可能である。

(18) a. 不思議，予想外という判断： amazingly, astonishingly, curiously, incredibly, ironically, oddly, remarkably, strangely, suspiciously, unexpectedly, etc.

b. 妥当，予想どおりという判断： appropriately, inevitably, naturally, not unnaturally, predictably, understandably, etc.

c. 満足感・不満を生むとの判断： annoyingly, delightedly, disappointingly, pleasingly, refreshingly, regrettably, etc.

d. 幸運・不幸であるとの判断： fortunately, unfortunately, happily, luckily, unluckily, sadly, tragically, etc.

e. その他のタイプの判断： amusingly, conveniently, hopefully, mercifully, preferably, significantly, thankfully, etc.

5.3. 形容辞副詞

形容辞副詞は，（文の内容によって表される）「主語（＝動作主）の行為」に対する話し手のコメント，主観的判断を表す。その際，文の基本的な意味内容は真であることが前提となっている。次の例をみてみよう。

(19) *Wisely*, he didn't say anything about it.

(彼は賢明にも，それについて何も言わなかった)

(20) [毒の入ったカップを持っていたジョンについて]
   a. *Cleverly*(,) John dropped his cup of coffee.
   b. John *cleverly* dropped his cup of coffee.
   (賢くも，ジョンは珈琲の入ったカップを落とした)

(21) a. *Clumsily*(,) John dropped his cup of coffee.
   b. John *clumsily* dropped his cup of coffee.
   (不器用にも，ジョンは珈琲の入ったカップを落とした)

(22) *Rightly*, Mrs. Jensen consulted her lawyer.
   (ジェンセン夫人は正しい判断をして弁護士に相談した)

Quirk et al. (1985: 621-623) では，前節で扱った評価の副詞と形容辞副詞を，共に「発言内容に対する話し手の価値判断 (value judgment) を伝える離接詞」として一括した上で，前者を「内容全体に対する判断が主語に対しても適用される」タイプ，後者をそうでないタイプに下位区分している。本章では両者を分けて扱っているが，Quirk et al. の指摘はおおむね正しいと考える。唯一，修正を要するのは，「主語に対して」としているところである。Earnst (1984) が指摘したように，これは「動作主に対して」とするのが正しい。その根拠となるのは，次のような文の存在である。

(23) *Wisely*, the meeting ended early today.
   (賢明なことに，今日は会議が早く終わった)

この文において，「賢明だった」と評されているのは，主語の「会議」ではなく，文中では言及されていない「会議参加者」である。Greenbaum (1969: 154ff.) にも，この種の副詞が生じうるのは，

「人間動作主による何等かの決定」が含意されているような文に限られる，との指摘がみられる。

以上を総括すると，形容辞副詞には次のような意味機能上の特徴が認められる。

(24) 形容辞副詞が表す評価は，通常，行為に対するものであると同時に，その行為を行った者に対する評価でもある。

ここで，「通常」と断っているのは，次のような例外があるためである。

(25) *Reluctantly*, he was in London.
（いやいやながら，彼はロンドンにいた）

そもそも状態動詞文には「動作主」が存在しない。(25) の reluctantly が形容しているものは「主語」の心的状態以外にはありえない。したがって，このタイプは例外扱いとなる。

形容辞副詞が伝える判断には次の2種類がある。

(26) a. 正しいか誤りかの判断: correctly, incorrectly, justly, unjustly, rightly, wrongly, etc.
b. 賢明さや様態に関する判断: artfully, cleverly, cunningly, foolishly, prudently, reasonably, sensibly, shrewdly, unreasonably, wisely, unwisely, etc.

形容辞副詞が，次の (27), (28) のように，「断定的 (assertive) な非叙実的動詞 (non-factive verb)」が補文 (complement sentence) を伴う構文内に生じたとき，その解釈に関して興味深い事実が浮かび上がってくる (Lehrer (1975))。

(27) John *foolishly* believes that his wife is a spy.
　　 (ジョンは愚かにも自分の妻がスパイだと信じている)

(28) John *cleverly* suspects that his wife is a spy.
　　 (ジョンは賢明にも自分の妻がスパイではないかと疑っている)

断定的な非叙実動詞は，意味上，補文 [従属文] の真を前提とせず，「真であると主張」するという特徴をもつものであるが，形容辞副詞の存在によって，話し手が補文の真または偽を信じているという含意が生まれる。たとえば，(27) は「ジョンの妻がスパイではない」こと (少なくとも，話し手がそう信じていること) を，(28) は「ジョンの妻がスパイである」こと (少なくとも，話し手がそう信じていること) を含意する。この点に関して，次のように説明することが可能である。すなわち，形容辞副詞には，プラスの (肯定的) 値をもつもの (例: cleverly) と，マイナスの (否定的) 値をもつもの (例: foolishly) とがあり，プラスの値をもつものが [断定的な非叙実的動詞＋補文] 構造と共起した場合は，補文の真を前提とし，マイナスの値をもつものと共起した場合は，補文の偽を前提とする。

形容辞副詞として機能できる副詞のうち，何らかの意味で「人間の賢さ」に関わるものについて，プラス／マイナスの評価という観点から次のように分類することができる。

(29) a.　プラスの値をもつ形容辞副詞: clearly, intelligently, cunningly, prudently, reasonably, carefully, sensibly, shrewdly, wisely, etc.

b. マイナスの値をもつ形容辞副詞： stupidly, foolishly, unwisely, carelessly, etc.

また，表す内容から，次の2種類に分類することも可能である。

(30) a. 出来事をめぐる主語の意図を表すもの： deliberately, intentionally, purposefully, reluctantly, voluntarily, willingly, etc.
   b. 出来事に関わる主語の心的状態や様態を表すもの： anxiously, bitterly, carefully, clumsily, confidentially, foolishly, gladly, rightly, sadly, wisely, etc.

6. 断定の副詞

以上のどのタイプにも当てはまらないが，(文中や文頭に現れ,)断定の副詞（assertive adverb）と呼ぶことができる文副詞グループが存在する。代表的なものは rightly である。

(31) a. At the top of the public's worries is, *rightly*, Rhodesia.
   （人々が一番恐れているのはローデシアで，それは当然のことだ）
   b. *Rightly*, they left it out.
   （当然のことながら，彼らはそれを除外した）
   c. Mr. Heath *rightly* said the main danger of world war was in the East.
   （ヒース氏は，世界戦争の主たる危機は東洋にあると言ったが，それは的を射た発言だ）

上の例で，rightly によって表されているのは，いずれも話し手の主観的判断であって，対象となっている命題の真が前提とされている。

断定の副詞は，一見したところ，形容辞副詞と類似しているため，Greenbaum (1969) や Quirk et al. (1985) は両者を同類としている。しかし，形容辞副詞の場合とは異なり，断定の副詞が表すのは「描写されている事実・行為の正当性」に関する話し手の判断である。それは，補文命題全体に関する判断であって，上記 (25), (31a) にみられるように，動作主不在の文にも生ずるという特徴をもっている。

このタイプの副詞は，プラス／マイナスのどちらかの極性をもち，閉じた類を成す。

(32) a. プラスの値をもつ断定の副詞： rightly, truly, correctly, etc.
b. マイナスの値をもつ断定の副詞： falsely, incorrectly, erroneously, wrongly, unjustly, etc.

プラスの値をもつ断定の副詞は，事実・行為が正しいものだという話し手の肯定的判断を，マイナスの値をもつ断定の副詞は，それが誤りであるとの話し手の否定的な判断を表す。

断定の副詞は，形容辞副詞とは異なり，動詞句内に補文を伴わない環境では助動詞 (Aux) 位置に生ずることができない。たとえば，(31c) は動詞句内に補文 (the main danger of world war was in the East) が含まれ，Aux の位置に rightly が生じている。一方，(31a), (31b) は単文であり，それぞれ動詞の後の位置と文頭に rightly が位置している。ここで，(31b) の rightly

を Aux の位置に移動すると，非文とはならないが，意味解釈が変わる。

(31b′)　They *rightly* left it out.
　　　　（彼らはただしく／まさしくそれを除外した）

(31b′) の rightly は，文全体に係らない「様態の副詞」(manner adverb)「ただしく」として，（あるいは，第8節で扱う「強調の副詞」「まさしく」として）機能している。実際，(32) のリスト中の断定の副詞は，どれも様態の副詞や強調の副詞としての用法ももっており，実際の解釈は生起環境に応じて決まる。

7. 多機能タイプ

前節の最後で触れたように，副詞の中には，複数のタイプの機能を併せ持っているものが少なくない。複数の機能の共有の例としては，たとえば，次のような組み合わせがみられる。

(33) a.　動詞 tell と共起できる様態副詞 (manner adverb) は発話スタイルの文副詞としても用いられる（例: briefly, flatly)。
　　 b.　上記 (33a) に当てはまるもののうち強調の副詞としての用法も有するものがある（例: honestly, frankly)。
　　 c.　評価の副詞と様態の副詞の両用法をもつものがある（例: happily, hopefully)。
　　 d.　形容辞副詞と様態の副詞の両用法をもつものがある

(助動詞の位置に生じたときには，そのどちらとも解釈することもでき，志向性 (orientation) に関するあいまいさが生ずる) (例: cleverly, clumsily)。

e. 断定の副詞，強調の副詞，様態の副詞の三つの用法をもつものがある (例: rightly, truly)。

8. 強調の副詞

強調の副詞 (intensifier, intensifying adverb) の存在については広く認められているが，記述をどのように行うかに関する体系的な研究は少ない。Palmer (1939) が「付帯的構成要素」(incidental components) と呼んだものの中には，態度の文副詞も含まれているが，多くは強調の副詞である。次の (34) はすべて強調の副詞の例である。

(34) a. I'm *simply* appalled.
(ただもうあきれ果てている)

b. They *honestly* want to work.
(彼らは働きたいと本当に思っている)

c. She *naturally* read the letter.
(彼女はもちろん手紙を読んだ)

d. She was *regularly* lucky then.
(そのとき彼女は全くついていた)

e. We *merely* want to know.
(我々はただ知りたいだけだ)

Jackendoff (1972) が「merely タイプの副詞」(*merely*-type

adverb) と呼んでいるものも強調の副詞に含まれる ((34e) 参照)。Jackendoff の指摘にもあるように，強調の副詞は，主語と主動詞の間に生ずる限り，文副詞，語修飾副詞のいずれとも解釈される性質をもっている。

強調の副詞は，元々の語彙的意味を基に，次の2種類に分けることができる。

(35) a. 「単に〜だけ」という意味合いをもつもの:
merely, only, simply
b. 「本当に，全く」という意味合いをもつもの:
honestly, utterly, virtually, truly

しかし，強調の副詞として機能しているときには，(35a), (35b) のリスト中のいずれであろうとも，本来的意味はほとんど消え，「全く，ただもう，本当に」という強調の意味のみが共有されている。

9. Jackendoff の分類の問題点

Jackendoff は，「志向性」(orientation) という概念を導入し，文副詞を話者志向副詞と主語志向副詞とに分けている。以下が Jackendoff (1972) の分類である。

(36) a. 話者志向副詞: 文の内容についての話し手の評価・判断を表す副詞 (例: evidently, frankly, fortunately, honestly, etc.)
b. 主語志向副詞: 主語を修飾し，主語の性質・状態を

表す副詞(例: wisely, willingly, reluctantly, etc.)

　すでに述べたように，話者志向性は文副詞の機能の本質に迫る有効な概念の一つであるが，Jackendoff の話者志向副詞には，意味・機能上の特徴の異なるものが一括されており，個々のタイプの正確な理解のためには，本章での下位分類(とりわけ，(5)，(8)に掲げた分類)のほうが有効である。

　次に，Jackendoff が主語志向副詞と呼んでいるものは，本章の形容辞副詞に相当する。次の例をみてみよう。

(37) *Generously*, he contributed to the fund.
　　(気前よく，彼はその基金に寄付をした)

このタイプの副詞は，文で述べられている「動作・行為・状態について，それに関わった主語に対する評価」を示すものであって，主語の個性を述べているのではない。上の例は「彼が気前のいい人だ」ということを述べているのではなく，「その基金に寄付をした」という特定の行為について「気前がよい行為であった」という評価を述べたものである。

　「主語志向副詞」という名称にも問題がある。第一に，「主語」という部分に注釈が必要である。5.3節でみたように，状態文の場合は「主語」に違いないが，このタイプの副詞が通常生じるのは動作文においてであり，その場合は「主語志向」ではなく「動作主志向」と考えるのが正しい。第二に，これも5.3節ですでに述べたことであるが，このタイプの副詞の機能には，主語に対する評価とともに，文の内容に対する評価も含まれている。すなわち，主語だけに対する評価ではなく，出来事自体も同時に評価の

対象となっている。第三に，主語志向副詞が表す評価は話し手によるものであるため，主語志向副詞も話者志向副詞としての性質を持ち合わせている。以上の理由から，Jackendoff による文副詞の二分法は，着眼点に意義は認められるものの，不備であると言わざるを得ない。

10. Huddleston and Pullum の分類

Jackendoff (1972) の研究から 30 年後，最新の言語学研究の成果を盛り込んだ包括的な文法書 Huddleston and Pullum (2002) が出版された。その中で文副詞がどのように扱われているかを概観してみよう。

Huddleston and Pullum は，Quirk et al. (1972) から引き継いだ文法範疇観に基づき，「文副詞」を「付加詞」(adjunct) と呼び，次の (A)-(E) に挙げる 5 種類に分類している。

(A) 命題に関する評価の付加詞 (evaluative proposition-related adjunct)

(38) a. *Amazingly*, he escaped with only a scratch.
   (驚くべきことに，彼はかすり傷だけで逃げ出せた)
   b. He returned, *fortunately*.
   (彼は帰って来た，運が良かった)
   c. *Happily*, I was able to get my money back.
   (うれしいことに，金が取り戻せた)

このタイプでは，「命題が真であること」が前提とされており，付加詞はそれに対する話し手の主観的評価を表す。このタイプは

第6章 「コメント」としての文副詞

たくさんあり，以下のリストはその一部である。

> absurdly, amazingly, annoyingly, appropriately, bewilderingly, curiously, disappointingly, fortunately, funnily, happily, importantly, improbably, inexplicably, ironically, luckily, mercifully, miraculously, oddly, ominously, paradoxically, predictably, regrettably, sadly, shamefully, strangely, surprisingly, thankfully, unaccountably, understandably, unfortunately

(B) モダリティ付加詞 (modal adjunct)

(39) a. He had *clearly* been irresponsible.
    (明らかに，彼は無責任だ)
  b. He was *obviously* flirting.
    (どうみても，彼はうわついていた)

なお，モダリティの強さには4段階がある。

  (i) 強い (strong) モダリティ
    assuredly, certainly, clearly, definitely, incontestably, indubitably, ineluctably, inescapably, manifestly, necessarily, obviously, patently, plainly, surely, truly, unarguably, unavoidably, undeniably, undoubtedly, unquestionably

  (ii) ある程度強い (quasi-strong) モダリティ
    apparently, doubtless, evidently, presumably, seemingly

(iii) 中くらいの (medium) モダリティ
arguably, likely, probably

(iv) 弱い (weak) モダリティ
conceivably, maybe, perhaps, possibly

(C) 行為関連付加詞 (act-related adjunct)

行為の様態 (way) を形容しているのではなく, 行為 (act) そのものを対象にする。

(i) 主語の付加詞 (subjective adjunct)

(40) a. *Carefully*, he closed the door before answering my questions.
（用心深く，彼は私の質問に答える前にドアを閉めた）

b. *Rudely*, she spoke only to her husband.
（無礼にも，彼女は夫としか会話しなかった）

carefully, carelessly, cleverly, considerately, delicately, discreetly, foolishly, immaturely, lavishly, manfully, nonchalantly, ostentatiously, prudently, studiously, stupidly, surreptitiously, tactfully, tactlessly, unceremoniously, wisely

(ii) 意思の付加詞 (volitional adjunct)

主語についての評価ではなく，動作主の意図・意欲についてのコメントを表す。

(41) *Reluctantly*, the house was sold last year.
（しかたなくなって，昨年，その家は売り払われた）

accidentally, deliberately, freely, inadvertently,

knowingly, purposely, reluctantly, unwittingly, voluntarily, willingly

(D) 領域の付加詞 (domain adjunct)
文内容の当てはまる領域を限定する。

(42) a. *Technically*, he did not commit an offence.
(厳密に解釈すれば，彼は違反していない)

b. *Politically*, it was a disaster.
(政治的に言うと，それは惨事だ)

c. *Officially*, we shouldn't really be discussing the matter.
(表向きには，それを論じるべきではない)

(E) 発話行為に関する付加詞 (speech act-related adjunct)

(43) *Frankly*, it's a disgrace.
(率直に言って，それは不名誉なことだ)

Huddleston and Pullum の分類は，副詞が結びついているもの，すなわち，命題，モダリティ，行為，領域，発話行為に基づいて行われた斬新な試みとして注目に値する。しかし，次のような，構造上は似ていても，話し手による主観的態度の表明手段ではないものも，考察対象に含まれている。

(44) a. You're his uncle, so *necessarily* he's your nephew.
(君は彼の叔父だから，必然的に，彼は君の甥ということになる)

b. Max *allegedly* falsified the accounts.
(マックスは会計で不正を行ったとされている)

(45) *Linguistically* but not *ethnically*, the inhabitants have much in common with their northern neighbors.
(ここの住民は，北方に居住する人々と民族的には異なっているが，言語面では共通点が多い)

(44a) の necessarily, (44b) の allegedly は，一見したところモダリティのようであるが，話者の心的態度とは無関係の，論理的「必然性」や留保条件を挿入句的に提示している。また，(45) の linguistically, ethnically は，文頭に位置してはいるが，動詞句の範囲 (scope) を指定する副詞であって，命題に外在的なものではなく，命題内容の一部を成している。

11. おわりに

本章では，さまざまな文副詞のはたらきについて考察した。すべてに共通しているのは，文の内容（命題）の外にあって，話し手の主観的態度を示す機能である。しかし，文の線形性 (linearity) のために，そのメカニズムが明示的な形をとって表面に現れることはない。

このような機能と形態のずれは，文副詞に限らず，言語構造のいろいろなところに見受けられる。実際，多くの文にはレベルを異にする要素が混在している。話し手は，種々の言語形式を用い，客観的報告も描写も主張も，また主観的評価や自分の伝達上の役割規定なども，あらゆる要素をすべて同一線上に表さざるを得ないのである。文副詞のタイプや機能の研究は，そのようなメカニズムの一端の解明に貢献するものである。

参考文献

A. 辞書

BBI = *The BBI Dictionary of English Word Combinations*, 1997.
COBUILD = *Collins COBUILD Advanced Learner's English Dictionary*, 2003.
LDCE = *Longman Dictionary of Contemporary English*, 2003.
OALD = *Oxford Advanced Learner's Dictionary of Current English*, 3rd ed., 1974.
OALD = *Oxford Advanced Learner's Dictionary of Current English*, 6th ed., 2000.
OED = *The Oxford English Dictionary*, 1933, 1989.
POD = *The Pocket Oxford Dictionary*, 4th ed., 1961.
POD = *The Pocket Oxford Dictionary*, 6th ed., 1978.
WNWD = *Webster's New World Dictionary of the American Language*, 1986.
『研究社大英和辞典』(第6版)(2002)
『小学館プログレッシブ英和中辞典』(第4版)(2003)
『講談社英和中辞典』(1994)

B. 著書・論文

Abbot, B. (2006) "Where Have Some of the Presuppositions Gone?" in B. J. Birner and G. Ward (eds.), 1-20.
Allen, K. (1980) "Nouns and Countability," *Language* 56, 541-567.
Allerton, D. J. (1975) "Deletion and Proform Reduction," *Journal of Linguistics* 11, 213-237.
Allerton, D. J. (1982) *Valency and the English Verb*, Academic Press, London.
Anthony, M. N. (1977) "Some Remarks on *Any*," *Forum Linguisticum* 2, 15-32.
荒木一雄・安井稔(編)(1992)『現代英文法辞典』三省堂, 東京.
Birner, B. J. (2006) "Inferential Relations and Noncanonical Word

Order," in B. J. Birner and G. Ward (eds.), 31-51.

Birner, B. J. and G. Ward, eds. (2006) *Drawing the Boundaries of Meaning: Neo-Gricean Studies in Pragmatics and Semantics in Honor of Laurence R. Horn*, John Benjamins, Amsterdam.

Bolinger, D. (1972) *That's That*, Mouton, The Hague.

Bolinger, D. (1977) *Meaning and Form*, Longman, London. [中右実 (訳)『意味と形』こびあん書房, 東京.]

Bolinger, D. (1980) *Language — The Loaded Weapon*, Longman, London.

Carden, G. (1973) *English Quantifiers: Logical Structure and Linguistic Variation*, Taishukan, Tokyo.

Carlson, G. N. (1977) *Reference to Kind in English*, Doctoral dissertation, University of Masachusetts.

Chafe, W. L. (1970) *Meaning and the Structure of Language*, University of Chicago Press, Chicago.

Chafe, W. L. (1971) "Linguistics and Human Knowledge," *Report of the Twenty-Second Annual Round Table Meeting on Linguistics and Language Studies*, ed. by R. J. O'Brien, 57-77, Georgetown University Press, Washington, D.C.

Chafe, W. L. (1974) "Language and Consciousness," *Language* 50, 111-133.

Chafe, W. L. (1976) "Givenness, Contrastiveness, Definiteness, Subject, Topic, and Point of View," *Subject and Topic*, ed. by C. Li., Academic Press, New York.

Chafe, W. L. (1979) "The Flow of Thought and the Flow of Language," *Discourse and Syntax*, ed. by T. Givón, Academic Press, New York.

Chafe, W. L. (1986) "Writing in the Perspective of Speaking," *Studying Writing: Linguistic Approaches*, ed. by C. R. Cooper et al., Sage, Beverly Hills, CA.

Clyne, M. (1994) *Inter-cultural Communication at Work*, Cambridge University Press, Cambridge.

Coats, J. (1986) *Women, Men and Language*, Longman, London.

Corum, Claudia (1974) "Adverbs ... Long and Tangled Roots," *CLS* 10, 90-102.

Corum, Claudia (1975) "A Pragmatic Analysis of Parenthetic Adjuncts," *CLS* 11, 133-141.

Declerck, R. (1991) *A Comprehensive Descriptive Grammar of English*, Kaitakusha, Tokyo. [安井稔(訳)『現代英文法総論』開拓社, 東京.]

Ernst, T. B. (1984) *Toward an Integrated Theory of Adverb Position in English*. Reproduced by IULC.

Farkas, Donka F. (2002) Varieties of Indefinites. *Semantics and Linguistic Theory* 12, 59-83.

Farkas, Donka F. (2006) "Free Choice in Romanian," in B. J. Birner and G. Ward (eds.), 71-94.

Feldman, C. F. (1974) "Pragmatic Features of Natural Language," *CLS* 10, 151-161.

Fetzer, A. and K. Fischer (2007) *Lexical Markers of Common Grounds*, Elsevier, Amsterdam.

Fillmore, C. J. (1968) "Lexical Entries for Verbs," *Foundations of Language* 4, 373-393.

Fillmore, C. J. (1972) "Subject, Speakers, and Roles," *Semantics of Natural Language*, ed. by D. Davidson and G. Harman, 1-24, D. Reidel, Dordrecht.

Givón, T. (1984) *Syntax: A Functional and Typological Introduction I & II*, John Benjamins, Amsterdam.

Givón, T. (1995) "Coherence in Text vs. Coherence in Mind," *Coherence in Spontaneous Text*, ed. by M. Gernsbacher and T. Givón, 59-115, John Benjamins, Amsterdam.

Givón, T. (2001) *Syntax: An Introduction I & II*, John Benjamins, Amsterdam.

Goddard, C. (2003) "Whorf Meets Wierzbicka: Variation and Universals in Language and Thinking," *Language Sciences* 25, 303-432.

Goddard, C. and A. Wierzbicka, eds. (1994) *Semantic and Lexical Universals: Theory and Empirical Findings*, John Benjamins, Amsterdam.

Green, G. M. (1989) *Pragmatics and Natural Language Understanding*, Lawrence Erlbaum Associates, Hillsdale, NJ.

Greenbaum, S. (1969) *Studies in English Adverbial Usage*, Longman, London.

Greenberg, J. H. (1966) *Language Universals, with Special Reference to Feature Hierarchies*, Mouton, The Hague.

Greenberg, J. H. (1971) *Language, Culture, and Communication*, Stanford University Press, Stanford.

Grice, P. H. (1975) "Logic and Conversation." [Reproduced in P. Cole and J. L. Morgan, eds. (1975) *Syntax and Semantics* 3: *Speech Acts*, 41–58, Academic Press, New York.]

Gundel, J. K. (1980) "Zero NP-anaphora in Russian: A Case of Topic-prominence," *Papers from the Parasession on Pronouns and Anaphora*, 139–146, Chicago Linguistic Society.

Halliday, M. A. K. (1967a) "Notes on Transitivity and Theme in English, Part I," *Journal of Linguistics* 3, 37–81.

Halliday, M. A. K. (1967b) "Notes on Transitivity and Theme in English, Part II," *Journal of Linguistics* 3, 199–244.

Halliday, M. A. K. (1967c) "Notes on Transitivity and Theme in English, Part III," *Journal of Linguistics* 4, 179–215.

Halliday, M. A. K. (1970) "Functional Diversity in Language as Seen from a Consideration of Modality and Mood in English," *Foundations of Language* 6.3, 322–361.

Halliday, M. A. K. and R. Hasan (1976) *Cohesion in English*, Longman, London.

Hasan, R. (1968) *Grammatical Cohesion in Spoken and Written English, Part One*, Longman, London.

Haspelmath, M. (1997) *Indefinite Pronouns*, Oxford University Press, Oxford.

Hawkins, J. (1991) "On (In)definite Articles: Implicatures and (Un)grammaticality Prediction," *Journal of Linguistics* 27, 405–442.

Hinds, J. (1982) *Ellipsis in Japanese*, Linguistic Research, Inc., Carbondale.

Hinds, J. (1986) *Situation vs. Person Focus*, Kurosio, Tokyo.

Hooper, J. (1975) "On Assertive Predicates," *Syntax and Semantics* 4, ed. by J. P. Kimball, 91–124, Academic Press, New York.

Hopper, P. J. and S. A. Thompson (1980) "Transitivity in Grammar and Discourse," *Language* 56, 251-299.

Hopper, P. J. and S. A. Thompson, eds. (1982) *Syntax and Semantics* 15: *Studies in Transitivity*, Academic Press, New York.

Hopper, P. J. and S. A. Thompson (1984) "The Discourse Basis for Lexical Categories in Universal Grammar," *Language* 60, 703-752.

Huddleston, R. D. (1984) *Introduction to the Grammar of English*, Cambridge University Press, Cambridge.

Huddleston, R. and G. K. Pullum (2002) *The Cambridge Grammar of the English Language*, Cambridge University Press, Cambridge.

池上嘉彦 (2006)『英語の感覚・日本語の感覚:ことばの意味のしくみ』(NHK ブックス), NHK 出版, 東京.

今井邦彦 (1995)『英語の使い方』大修館書店, 東京.

Jackendoff, R. S. (1972) *Semantic Interpretation in Generative Grammar*, MIT Press, Cambridge, MA.

Jackendoff, R. (2007) *Language, Consciousness, Culture: Essays on Mental Structure*, MIT Press, Cambridge, MA.

Jacobs, R. A. and P. S. Rosenbaum (1968) *English Transformational Grammar*, Blaisdell, Waltham, MA.

Jespersen, O. (1924) *The Philosophy of Grammar*, George Allen & Unwin, London.

Jespersen. O. (1928) *A Modern English Grammar on Histrical Principle, Part III, Syntax, Second Volume*, George Allen and Unwin, London.

Jespersen, O. (1933) *Essentials of English Grammar*, George Allen & Unwin, London.

Kayne, R. (1993) "Towards a Modular Theory of Auxiliary Selection," *Studia Linguistica* 47, 3-31. [Reproduce in R. Kayne (2000) *Parameters and Universals*, Oxford University Press, Oxford.]

Keenan, E. (1984) "Semantic Correlates of Ergative/Absolutive Distinction," *Linguistics* 22.2, 197-223.

Kingdon, R. (1969) *Palmer's Grammar of Spoken English*, Heffer,

Cambridge.

Kiparsky, P. and C. Kiparsky (1970) "Fact," *Progress in Linguistics*, ed. by M. Bierwisch and K. Heidolph, 143-173, Mouton, The Hague.

Klima, E. S. (1964a) "Negation in English," *The Structure of Language: Readings in the Philosophy of Language*, ed. by J. Fodor and J. Katz, 246-323, Prentice Hall, Englewood Cliffs, NJ.

Klima, E. S. (1964b) "Relatedness between Grammatical Systems," *Language* 40, 1-20. [Reprinted in *Modern Studies in English*, ed. by D. A. Reibel and S. A. Schane (1969), Prentice-Hall, Englewood Cliffs, NJ.]

Kuno, S. (1972) "Functional Sentence Perspective: A Case Study from Japanese," *Linguistic Inquiry* 3.3, 269-320.

久野暲・高見健一 (2004)『謎解きの英文法: 冠詞と名詞』くろしお出版, 東京.

久野暲・高見健一 (2007)『英語の構文とその意味』開拓社, 東京.

Kuroda, S.-Y. (1973) "Where Epistemology, Style, and Grammar Meet: A Case Study from Japanese," *A Festschrift for Morris Halle*, ed. by S. Anderson and P. Kiparsky, 377-391, Holt, Rinehart and Winston, New York.

Labov, W. (1972) "Negative Attraction and Negative Concord in English Grammar," *Language* 48, 773-818.

Lakoff, G. (1987) *Women, Fire, and Dangerous Things: What Categories Reveal about the Mind*, University of Chicago Press, Chicago.

Lakoff, R. (1969) "Some Reasons Why There Can't Be Any *Some-Any* Rule," *Language* 45, 608-615.

Lazard, G. (1970) "Actance Variations and Categories of the Object," *Objects: Toward a Theory of Grammatical Relations*, ed. by F. Plank, 269-292, Academic Press, London.

Lee, Y.-S. and L. Horn (1994) "*Any* as Indefinite Plus *Even*," ms.

Leech, G. (1974) *Semantics*, Pelican Books, London.

Lehrer, A. (1970) "Verbs and Deletable Objects," *Lingua* 25, 227-253.

Lehrer, A. (1975) "Interpreting Certain Adverbs: Semantics or

Pragmatics?" *Journal of Linguistics* 11, 239-248.
Li, C. N. and S. A. Thompson (1976) "Subject and Topic: A New Typology of Language," *Subject and Topic*, ed. by C. N. Li, 457-489, Academic Press, New York.
Lyons, J. (1977) *Semantics*, Cambridge University Press, Cambridge.
Matthews, P. H. (1981) *Syntax*, Cambridge University Press, Cambridge.
McCawley, J. D. (1977) "Lexicographic Notes on English Quantifiers," *CLS* 13, 327-383.
Michell, G. (1974) "Obviously I Concede …: Performance and Sentence Adverb," *CLS* 10, 436-445.
Mourelatos, A. P. D. (1978) "Events, Processes, and States," *Linguistics and Philosophy* 2, 415-434.
Mufwene, S. S. (1981) "Non-individuation and the Count/Mass Distinction," *CLS* 17, 221-238.
Munro, P. (1982) "On the Transitivity of 'Say' Verbs," *Syntax and Semantics* 15: *Studies in Transitivity*, ed. by P. J. Hopper and S. A. Thompson, 301-318, Academic Press, New York.
宮川幸久(他) (1988)『ロイヤル英文法』旺文社, 東京.
中右実 (1980)「文副詞の比較」『文法』(日英語比較講座2), 大修館書店, 東京.
中右実 (2008a)「敬語と主観性(上)」『言語』Vol. 37, no. 9, 20-27.
中右実 (2008b)「敬語と主観性(中)」『言語』Vol. 37, no. 10, 20-27.
Nilsson, B. (1958) *Case Marking Semantics in Turkish*, Doctoral dissertation, University of Stockholm.
太田朗(他) (1990a) *New Horizon English Course* 1, 東京書籍, 東京.
太田朗(他) (1990b) *New Horizon English Course* 2, 東京書籍, 東京.
大塚高信(監修) (1970)『新英文法辞典』三省堂, 東京.
大塚高信・中島文雄(監修) (1982)『新英語学辞典』研究社, 東京.
O'Sullivan, K. (1994) *Understanding Ways: Communicating between Cultures*, Hale & Iremonger, Alexandria, NSW.
Palmer, H. E. (1939) *A Grammar of Spoken English*, Heffer, Cambridge.
Plank, F., ed. (1984) *Objects: Toward a Theory of Grammatical Re-*

lations, Academic Press, London.
Quirk, R., S. Greenbaum, G. Leech and J. Svartvik (1972) *A Grammar of Contemporary English*, Longman, London.
Quirk, R., S. Greenbaum, G. Leech and J. Svartvik (1985) *A Comprehensive Grammar of the English Language*, Longman, London.
Ronowicz, E. and C. Yallop, eds. (2007) *English: One Language, Different Cultures*, Continuum, London.
Ross, J. R. (1970) "On Declarative Sentences," *Readings in English Transformational Grammar*, ed. by R. A. Jacobs and P. S. Rosenbaum, 222-272, Ginn, Waltham, MA.
Russell, B. (1940) *An Inquiry into Meaning and Truth*, Allen & Unwin, London.
斎藤秀三郎 (1936)『岩波熟語本位英和中辞典 (新増補版)』岩波書店, 東京.
Sapir, E. (1949) *Selected Writings of Edward Sapir in Language, Culture, and Personality*, ed. by David G. Mandelbaum, University of California Press.
佐々木達 (1950)「語義について」『語学試論集』3-25, 研究社, 東京.
Schreiber, P. A. (1971) "Some Constrains on the Formation of English Sentential Adverbs," *Linguistic Inquiry* 2, 83-101.
Schreiber, P. A. (1972a) "Style Disjuncts and the Performatic Analysis," *Linguistic Inquiry* 3, 321-347.
Schreiber, P. A. (1972b) "Two Approaches to English Adverbials," *Lingua* 29, 347-359.
Stahlke, H. F. W. (1984) "Independent and Clitic Pronouns in English," *CLS* 20, 358-364.
Stowell, T. (1981) *Origins of Phrase Structure*, Doctoral dissertaion, MIT.
鈴木孝夫 (1975)『言語と社会』中央公論社, 東京.
Thomas, A. L. (1979) "Ellipsis: The Interplay of Sentence Structure and Context," *Lingua* 47, 43-68.
Thompson, S. A. (1971) "The Deep Structure of Relative Clauses," *Studies in Linguistic Semantics*, ed. by C. J. Fillmore and D. T. Langendoen, 78-94, Holt, Rinehart and Winston, New York.

Thompson, S. A. (1973) "*Studies in English Adverbial Usage* by Sidney Greenbaum (Review)" *Language* 49.2, 489-492.
Vlachou, Evangelia (2007) *Free Choice in and out of Context: Semantics and Distribution of French, Greek and English Free Choice Items*, Netherlands Graduate School of Linguistics, Landelijke-LOT, Utrecht University.
Wierzbicka, A. (1991) *Cross-Cultural Pragmatics*, Mouton de Gruyter, Berlin.
Wierzbicka, A. (1992) *Semantics, Culture, and Cognition: Universal Human Concepts in Culture-Specific Configurations*, Oxford University Press, Oxford.
Wierzbicka, A. (1998) "Lexical and Grammatical Universals as a Key to Conceptual Structures," *BLS* 24, 292-307.
Wierzbicka, A. (1999) *Emotions across Languages and Cultures: Diversity and Universals*, Cambridge University Press, Cambridge.
Wierzbicka, A. (2006) *English: Meaning and Culture*, Oxford University Press, Oxford.
Whorf, B. L. (1956) *Language, Thought and Reality: Selected Writings of Benjamin Lee Whorf*, ed. by John B. Carroll, MIT Press, Cambridge, MA.
安井稔 (1978a)『言外の意味』研究社出版, 東京.
安井稔 (1978b)『新しい聞き手の文法』大修館書店, 東京.
安井稔 (1978c)『素顔の新言語学』研究社出版, 東京.
安井稔 (1982)『英文法総覧』開拓社, 東京.
安井稔・中村順良 (1984)『代用表現』研究社, 東京.
安井稔(編) (1987)『例解現代英文法事典』大修館書店, 東京.
安井稔(編) (1996)『コンサイス英文法辞典』三省堂, 東京.
安井稔 (2007)『新版 言外の意味(上)(下)』開拓社, 東京.
安井稔 (2008)『英語学の見える風景』開拓社, 東京.
安武知子 (1982)「既知情報とは何か——文脈指示項目の機能」『外国語研究』18, 113-137, 愛知教育大学.
安武知子 (1982)「他動詞と目的語の融合」『英語青年』130, 372.
安武知子 (1989a)「目的語の領域拡大の論理」『英語青年』135, 22.
安武知子(1989b)「any は some の影武者か」『話題源英語: 心を揺する楽しい授業(上)』, 井上雍雄(代表者), 82, 東京法令出版, 東京.

安武知子 (1991)「補文命題の既存性と説明」『現代英語学の歩み』安井稔博士古稀記念論文集編集委員会(編), 130-140, 開拓社, 東京.
安武知子 (2007)『言語現象とことばのメカニズム:日英語対照研究への機能論的アプローチ』開拓社, 東京.
吉田知子 (1974)「名詞の前におかれた 'Ing' 形に関する一考察」『外国語研究』112, 9-22, 愛知教育大学.

索　引

1. 日本語はあいうえお順で示し，英語で始まるものは ABC 順で最後に一括してある。
2. 数字はページ数を表す。

[あ行]

愛称 (terms of endearment)　58, 59, 70, 77
アイデンティティー　83, 93, 117
あいまい性　42
アイルランド語　9
アングロ・サクソン　17, 22, 73
意思の付加詞 (volitional adjunct)　180
一般化　42, 43
一般性 (generality)　78-80, 82, 83
一般名詞 (general noun)　65-67, 69-71, 75, 78, 80-83
意味素性　70
意味的に含意　40
意味の特定化法則　43
意味役割　28
意味論的含意 (semantic implication)　60
イントネーション・ユニット (intonation unit)　13, 22
インド・ヨーロッパ諸語［語族］　8, 150
運動と変化 (move and change) の動詞類　27
演算子のスコープ（作用域）　106
遠称の指示代名詞 (distal demonstrative)　127
音韻(上の)(形態の)縮約　9, 11, 13, 19
音形　19
音形上の弱体化　9

[か行]

外延 (extension)　74
外界照応　63
下位語 (hyponym)　74, 75
蓋然性 (probability)　164
蓋然性の副詞 (probability adverb)　163
会話の含意 (implicature)　128, 130
会話の大原則　130
会話のペース　12
格 (case)　2

193

格式体　14
格推移 (case-shifting)　15, 19
格標示　2, 14, 16, 17, 22, 49
過去分詞の形容詞用法　84
含意関係　86
関係のあることを述べよ (Be relevant)　130
漢語を用いた複合語 (Sino-Japanese compound)　48
慣習的に含意 (conventionally implicate)　129
感情的 (Affective)　136-138
完全形 (full form)　21
完全名詞句 (full noun phrase)　22, 49
聞き手にとって(の)新(しい)情報 (hearer-new information)　122, 124, 125, 134, 135
疑似自動詞 (pseudo-intransitive verb)　38, 39
既出　7
既知項目　7
既知情報　7
基底構造　161
起点 (source)　28
機能語 (function word)　56, 62, 122, 152
疑問副詞　124
強勢　5, 6, 8, 14, 19, 20, 30, 99, 101, 102, 114, 119
強調の副詞 (intensifier, intensifying adverb)　174-176
極性 (polarity)　90, 93, 119, 132, 173
極性(に)感応(する) (polarity sensitive, PS) any　144, 145, 149
ギリシャ語　146
空間直示 (spatial deixis) 機能　127
経験者 (experiencer)　28
形態上の縮約　9, 11
形態変化　2
形容辞 (epithet)　67, 68, 75, 82
形容辞副詞 (epithet adverb)　159, 164, 167-171, 173, 174, 177
結束機能 (cohesive function)　60
結束[構造][性] (cohesion)　56, 57, 60, 65, 69, 70, 86
決定詞 (determiner)　49, 93, 101, 105, 106, 119, 122, 123, 125-128, 141, 142, 150, 152
決定詞後要素 (postdeterminer)　106
決定詞前要素 (predeterminer)　105
決定詞の指定席[スロット] (determiner slot)　125
言語外の文脈　58, 81
言語類型論　141
限定要素 (defining element)　80
語彙・意味レベル (lexical-semantic level)　124
語彙意味論　27, 38, 138
語彙化　44
語彙項目　8
語彙項目の反復 (lexical repetition)　58-60, 68

語彙体系　21
語彙的言い換え (lexical substitution)　57-61, 63-65, 67-69, 74-76, 78, 79, 83, 86, 87
語彙的言い換え語 (lexical substitute)　57, 62, 68, 79-81
語彙的結束構造 (lexical cohesion)　65
語彙的照応 (lexical reference)　85
語彙特性　33
語彙をめぐる階層関係　75
項 (argument)　117
行為関連付加詞 (act-related adjunct)　180
口語(話しことば)　1, 11, 13, 16
口語(標準)英語　9, 17, 22
口語代名詞　19
肯定部分詞 (affirmative partitive)　105
語修飾副詞　154, 175
個体認定 (individuation)　48, 50
語頭　4
ことばの不必要な繰り返し (tautology)　29
個別化できる (individuable)　129
コメント　154, 155, 159, 164, 168
語用論　4-8, 11, 16, 27, 31, 34, 38, 56, 58, 63, 76, 119, 120, 135, 136, 143, 146-147, 154, 156, 160, 161
語用論上の(大)原則　7, 15, 21, 22
語用論的素性 (pragmatic feature)　117
語用論的副詞 (pragmatic adverb)　158
根源的法助動詞 (root modal)　157

[さ行]

再構造化 (restructuring)　17, 22
参照時 (reference point in time)　127
志向性 (orientation)　174
指示機能 (referring function)　6
指示性 (referentiality)　147
指示対象 (referent)　6, 7, 52, 58, 60, 61, 70, 71, 75, 77, 80, 83, 87, 92, 119, 124, 125, 127, 129, 133, 134, 142, 149
指示代名決定詞 (demonstrative determiner)　86
事実評価の離接詞 (fact-evaluating disjunct)　163
事実を示す (indicating fact) 機能　77
時制文　21, 118
指定辞 (specifier)　125
自動詞化　34
自動詞の使役用法　29
社会慣習的(に)含意　40
社会慣習的な意味　44
社会・語用論的要因　44
弱形化　14
種 (species)　78, 79, 81, 83, 149
修飾形容詞 (modifying adjective)　106

自由選択(タイプの)(FC) any 141, 142, 149

主格 (subjective/nominative case) 2, 15

主格形 21, 22

縮約形 32

主語志向副詞 (subject-oriented adverb) 158, 159, 163, 176, 177

主語・焦点(形) (subject-focus) 18, 20

主語中心言語 (subject-prominent language) 23

主語・トピック接辞 (subject-topic clitic) 18–20

主語の付加詞 (subject adjunct) 180

主語評価の離接詞 (subject-evaluating disjunct) 164

主節 15

述語論理学 110

首尾一貫性 (coherence) 56, 86, 143

種別属格(種別形容詞) (classifying genitive [adjective]) 106

上位語 (superordinate) 67, 68, 74, 75

照応機能 (referential function) 63

状況中心 (situation focus) 言語 4

小辞 122

状態(動詞)文 170, 177

焦点前置構文 18

焦点(の)位置 7, 8, 10, 17, 18, 21

焦点／重点は後に (end-focus/end-weight) 16

焦点代名詞 22

焦点副詞 (focusing adverb) 105

情報価値 2, 5, 8–10, 11, 13, 19, 30

情報構造 34

情報の核 13

叙実的副詞 (factive adverb) 163

所有格(属格) (possessive/genitive case) 2, 21

真偽評価の離接詞 (truth-evaluating disjunct) 163

心情的(な)意味(合い) (emotional meaning) 69, 77

心情的(な)態度 156, 163

新情報 4, 7, 22

心的態度 71, 77, 156, 182

遂行的動詞 (performative verb) 156

遂行的副詞 (performative adverb) 158

推測可能な情報 (inferable information) 130

数[文法上の数] 2, 99, 101, 150

数表示 49

数表示機能 (number designating function) 126, 127

数量形容詞 (qualifying adjective) 106

数量詞 (quantifier) 106, 123,

126
ストレス・アクセント　4, 101, 114
スワヒリ語　127
性(文法上の性)　2, 150
性状形容詞 (qualifying adjective)　106
性状詞 (qualifier)　106
生成文法　99, 106, 110
接辞化 (cliticize)　128
接辞化現象　11
接辞代名詞 (clitic pronoun)　10, 11, 19, 22
接続詞　15, 17
節点　142
説明文 (expository writing)　47, 117
ゼロ[ゼロ形] (zero form)　9, 11, 56, 98
ゼロ代名詞 (zero pronoun)　3, 4, 8, 11
ゼロ名詞句照応辞 (zero NP anaphora)　4
線形性 (linearity)　182
先行詞 (antecedent)　3, 7, 60, 63, 73, 80-82
全称決定詞 (universal determiner)　145
全称数量詞 (universal quantifier)　93, 106, 144
選択肢の性質 (nature of the alternatives)　147
前置詞　15, 17
専門用語 (technical term)　80
相等性 (equality)　147

属性　52, 73, 142
存在決定詞 (existential determiner)　145
存在数量詞 (existential quantifier)　93, 106, 144
存在の前提を含まない文脈　143

[た行]

対格　1, 50
対格助詞　50
対格標示 (accusative marking)　49, 50
態度(を表す)形容詞 (attitudinal adjective)　70, 71, 76
態度の文副詞　159, 163, 175
態度の離接詞 (attitudinal disjunct)　158, 159
代名詞化　7
代名詞の格体系　22
代名詞類　9
多義語　122
多義性　111, 119, 125
脱他動詞化 (detransitivization)　39-44, 46-48, 51, 53
脱範疇化 (de-categorization)　48, 49, 51
脱落タイプ (elliptical type)　27
他動詞性　27
他動詞の自動詞用法　37
短期記憶 (short-term memory)　13
断定性 (assertiveness)　118, 119
断定的 (assertive)　170, 171
断定の副詞 (assertive adverb)

172-174
談話 (discourse) 56, 57, 59, 61, 62, 69, 70, 73, 80, 86, 122, 134, 139, 143
談話機能 (discourse function) 5-7, 15, 19, 22, 27, 46, 51, 68, 135, 152
談話機能論 27, 34
談話構造 26
談話語用論 (discourse pragmatics) 2, 46, 53
談話・語用論レベル (discourse-pragmatic level) 124
談話志向副詞 (discourse-oriented adverb) 158
談話世界 129
談話特性 47
談話の宇宙 (universe of discourse) 131
談話(の)文脈 12, 53
談話場面 7
知的(概念的)意味 165
中間構文 (middle construction) 52, 53
中心語名詞 (head noun) 119, 125
陳述補語 (predicative complement) 14
通言語学 (cross-linguistics) 的観点 22
定性 128, 150
定動詞 (finite verb) 3
伝達姿勢 161
同一指示項目 56
同一指示性 (coreferentiality) 80
統語上の機能 (syntactic function) 63
統語上の要因 113
統語素性 119
統語範疇 98
統語論 5, 7, 21
動作主 (agent) 28, 167-170, 173, 177
動作主志向の副詞 (agent-oriented adverb) 164
動作中心説［文］46
同族目的語 (cognate object) 29, 53
同定可能性 (identifiability) 60, 131
同定されていない変数 (unidentified variable) 133
特称性 (particularity) 114, 135
特定化 41-44
特定性 (specificity) 81
特定的 (specific) 142
独立(形) (independent) 18, 20
独立代名詞 (independent pronoun) 17
閉じた類 (closed class) 160, 163, 173

[な行]

内容語 (content word) 60, 63, 122
内容の離接詞 (content disjunct) 158
何らかの存在の想定 (assumed

existence of something) 147
任意性 133
任意のx 96
認識の副詞 (epistemic adverb) 158
認識様態 99
認識様態的態度 (epistemic attitude) 117, 119
認識様態の法助動詞 (epistemic modal) 157
認識様態副詞 (epistemic adverb) 163
認識論 (epistemology) 2, 22, 156
認識論的挿入句 157
人称 2
人称代名詞 (personal pronoun) 2
能格動詞 28, 53
能動受動態 (activo-passive) 52
ののしりことば (pronominal epithet) 70, 77

[は行]

はだか名詞 49, 50
発話意図 37, 51
発話行為に関する付加詞 (speech act-related adjunct) 159, 181
発話行為の副詞類 (speech-act adverbial) 158
発話スタイルの文副詞 159-162, 165, 174
発話態度 160
発話の焦点 7
発話様態の副詞 (manner-of-speaking adverb) 158
パートタイムの全称数量詞 (part-time universal quantifier) 106
話し手の(主観的)査定 128, 131, 163
パラダイム(語形変化表) 20
判断行為的挿入句 157
反特定性 (counter-specification) 114, 137, 138
反特定的 142
比較構文 14
比較対照 8
非具現 (non-realization) 36
非限定的 (non-defining) な修飾語 80
非焦点(の)位置 9
非叙実的動詞 (non-factive verb) 170, 171
非脱落タイプ (non-elliptical type) タイプ 27
否定極性 (negative polarity) 92, 148
被動者 (patient) 28
非確定性 96
非特定性 (nonspecificity) 116
非特定的 (unspecified) 134, 149
非文法的な文(非文) 10, 32, 37, 137, 173
評価の形容詞 75
評価の副詞 (evaluative adverb) 163, 164, 166, 167, 169, 174
表現効果 81

評言の焦点 (comment focus)　6
開いた類 (open class)　163
フィジー語　11, 50, 51
フィンランド語　150
付加詞 (adjunct)　159, 178-181
複合代名詞　123, 132, 135, 136, 151
複合副詞　124, 135, 142, 151
付帯的構成要素 (incidental components)　175
不定決定詞　92, 132
不定構成素 (indefinite constituent)　112
不定性 (indefiniteness)　116, 132
不定代名詞的形容詞 (indefinite pronominal adjective)　105
不定代名詞的決定詞 (indefinite pronominal determiner)　105
不定部分詞 (indefinite partitive)　105
不特定構成素 (indeterminate constituent)　112
不特定性 (indeterminacy)　116, 117, 119
部分冠詞 (partitive article)　104, 150, 151
部分詞 (partitive)　92, 93
不変化詞 (particle)　122
フランス語　146, 150-152
文語 (書きことば)　2, 11, 13
文体の離接詞 (style disjunct)　158, 159
分配の解釈　97
文副詞 (sentence adverb)　154-163, 172, 175, 176, 178, 182
分布スキーマ (distributional schema)　141
文法化 (grammaticalization)　56, 127
文法機能　22
文法上の格　11
文法的言い換え (grammatical substitution)　62-64, 68
文法的言い換え語 (grammatical substitute)　62, 63
文法的照応 (grammatical reference)　62, 63, 68, 86
文法範疇 (grammatical category)　85, 100, 123, 159
文脈から(の)復元可能(性)　37, 47
文脈指示 (anaphoric reference)　5, 8, 56-58, 68, 69
文脈指示機能 (anaphoric function)　2, 70
文脈内の均質的な選択肢からの無作為の選択 (random choice among homogeneous contextual alternatives)　135
文脈による削除 (contextual deletion)　36, 45, 46
変形文法　112
弁別素性 (distinctive feature)　117
弁別的特徴 (distinctive feature)　63
包括性 (exclusiveness)　131
補部 (complement)　3
補文 (complement sentence)

170, 171, 173
ポーランド語 9, 11

[ま行]

無関心の代名詞 (pronoun of indifference) 104
無作為 (random)(性) 133
無作為(の)選択 (random choice, RC) 133, 136
無標 13, 16
明示形 9
明示的主語 11
名詞の格変化 22
名詞の前置要素 38
名詞類 17
命題 155-157, 161-165, 167, 173, 178, 181, 182
メタ言語 (metalanguage) 161
目的格 (objective/accusative case) 2, 16
目的格形 18, 21
目的語・既知接辞 (object-given clitic) 18, 21
目的語抱合 (object incorporation) 48, 50
目標 (goal) 28
モダリティ 179, 181
モダリティ副詞 (modal adverb) 163-165, 167
モダリティ付加詞 (modal adjunct) 179

[や行]

唯一性 131
唯一的 (unique) 129, 130
唯一的解釈 97
遊離代名詞 (absolute pronoun) 17
様態の副詞 (manner adverb) 160, 161, 174
容認可能性 47

[ら行]

ラテン系 73
離接詞 159
略式会話 (casual speech) 19
領域の付加詞 (domain adjuct) 180
量化詞 106
量詞 (quantitative) 104
理論言語学 112
類 95
類義語 (near-synonym) 35, 58, 67, 68, 73, 78, 79, 81, 85
ルーマニア語 133
連想集合 (association set) 129
連累マップ (implicational map) 141, 142
論理記号 110, 111
論理式 110, 111
論理的含意 (entailment) 60

[わ行]

分け隔てのない (undifferenti-

ated) 134
分け隔てのない選択項目 (undifferentiated choice item, UCI) 144
話者志向 (speaker oriented) 117
話者志向副詞 (speaker-oriented adverb) 158, 176, 177
話者の状態を表す (expressing the state of the speaker) という機能 77
話題焦点 (topic focus) 6
話題対照 (topic contrast) 6
話題変更 (topic shift) 6

[英語]

adjunct 115
Allen 49
Allerton 36, 46
Anthony 137, 138
aspect (アスペクト, 相) 50
Birner 129, 130
Bloomfield 11
Bolinger 2, 113-115, 118, 132, 137-139, 141, 143, 147
Carden 112
Chafe 11, 13
Declerck 105, 135
distributive 115
DP 分析 119
Earnst 169
Farkas 132, 133, 144-146, 149
FC any 142, 144, 145, 147-151
FC 項目 145-147
Feldman 156
Greenbaum 158, 169, 173
Gregory Ward 130
Gundel 6, 7, 9, 19
Halliday and Hasan 65, 66, 69
Hasan 64, 69
Haspelmath 141, 142, 143, 152
Hawkins 128, 129
Hinds 4
Hooper 118
Huddleston and Pullum 159, 178, 182
it/that の区別 9
Jackendoff 158, 159, 175-178
Jespersen 16, 104, 106, 113, 116, 136, 137
Kayne 126
Keenan 17
Kingdon 104, 105, 113
Klima 112, 113, 116, 136-138
Lee and Horn 143, 144
Lehrer 29, 35, 170
ly 副詞 154, 162, 165
Lyons 53
merely タイプの副詞 (*merely-type adverb*) 175
Nilsson 50
Palmer 104, 175
PS any 144, 145, 148, 149, 151
Quirk et al. 165, 169, 173, 178
RC some 147
R. Lakoff 137, 138
Russell 77
Sapir 11
Saussure 11

Schreiber 160, 161, 167
some/any 交替規則 98, 99, 107, 108, 112, 113
Stahlke 14, 17, 19, 21
Stowell 119

SVO 16
Thomas 36
UC 項目 144, 145
unitary 115
Vlachou 145, 146, 149

安武　知子　(やすたけ　ともこ)

　長野県上田市に生まれる。東北大学大学院文学研究科修士課程修了。東北大学日本文化研究施設助手，愛知教育大学助教授を経て，現在，愛知教育大学教授。

　専門は英語学・言語学。特に，文法論，談話と構文のインターフェース，ことばとコミュニケーションの諸相を中心に研究している。主な著書・論文に，「補文命題の既存性と説明」『現代英語学の歩み』(開拓社, 1991)，「出来事を表す動名詞構造」『ことばの地平―英米文学・語学論文集―』(英宝社, 1995)，"Formal and Functional Aspects of Nominalized Utterances: The Case of the *No Desu* Construction in Japanese"『ことばのシンフォニー―英語英文学論集―』(英宝社, 1999)，"Duality, Ambiguity and Salience Alternation: Noun Phrase Functions in Grammar and Discourse"『文化のカレードスコープ』(英宝社, 2003)，『言語現象とことばのメカニズム：日英語対照研究への機能論的アプローチ』(開拓社, 2007) など。

コミュニケーションの英語学
――話し手と聞き手の談話の世界――　　〈開拓社　言語・文化選書 13〉

2009 年 10 月 20 日　第 1 版第 1 刷発行

著作者　　安武知子
発行者　　長沼芳子
印刷所　　日之出印刷株式会社

発行所　　株式会社　開拓社
〒113-0023　東京都文京区向丘 1-5-2
電話　(03) 5842-8900　(代表)
振替　00160-8-39587
http://www.kaitakusha.co.jp

© 2009 Tomoko Yasutake　　ISBN978-4-7589-2513-6　C1382

R〈日本複写権センター委託出版物〉
本書(誌)を無断で複写複製(コピー)することは，著作権法上の例外を除き，禁じられています。コピーされる場合は，事前に日本複写権センター(JRRC)の許諾を受けてください。
　JRRC 〈http://www.jrrc.or.jp　e メール：info@jrrc.or.jp　電話：03-3401-2382〉